Jutta M. Ingala

Glücksorte in Island

Fahr hin & werd glücklich

Dieses

Glücksbuch

ist für

Liebe Glücksuchende,

auf den ersten Blick gibt sich Island spröde: Der Ozean wirft sich ungestüm gegen die Insel, ein beständiger Wind zerrt an der kargen Vegetation und am Gemüt der Menschen. Das Wetter ist kapriziös. An einem einzigen Tag kann es schon einmal alle vier Jahreszeiten durchspielen.

Doch auch wenn sich die Naturgewalten in donnernden Wasserfällen und bebender Erde lautstark Gehör verschaffen, ist Island ein Land der leisen Töne. Wer sich einlässt auf den Takt der Natur, schwingt schon bald selbst in einem Rhythmus, der empfänglich macht für die feinen Nuancen der isländischen Seele.

Im Sommer, wenn die Tage nie enden wollen, verwandeln sich weite Flächen in ein violett wogendes Meer aus Lupinen. Noch magischer sind die Winter, wenn in langen Nächten Nordlichter über den Polarhimmel tanzen.

Das Leben der Menschen spielt sich im schmalen Küstenstreifen ab. Mit Ausnahme der Hauptstadt Reykjavík, die Besucher mit Kunst, Haute Cuisine und Spitzenarchitektur empfängt, ist Island dünn besiedelt.

Achtzig Glücksorte schmiegen sich (meist) an die Ringstraße – Hringvegur oder N1 –, die auf 1322 Kilometern einmal um die Insel führt. Hier sind Sie dem Glück auf der Spur – sammeln Sie es ein! Island macht es Ihnen leicht.

Jutta M. Ingala

GLÜCK

Deine Glücksorte ...

... noch mehr Glück für dich

Gischt aus Glas

1 Reykjavíks schillernde Oper

Wer die Architektur von Reykjavíks Oper Harpa verstehen möchte, findet Erklärungen in Islands Natur: in ihrer Launenhaftigkeit und ihren Farben, die unter tief hängenden Wolken so viel intensiver leuchten als im gleißenden Licht der Sonne. In der kalten Gischt am Meer und den bizarren Kathedralen aus Stein, jenen Schöpfungen der Natur, die wie gemeißelte Säulen durch die Erdkruste brechen. Stumme Zeugen längst vergessener Vulkanausbrüche. Und doch so beredt. Islands Natur erzählt Geschichten.

Ólafur Elíasson ist einer, der ihnen zuhört. Der Künstler, der in Island aufwuchs und heute in Kopenhagen und Berlin lebt, beschäftigt sich mit Phänomenen der Natur: Bewegung, Licht, Reflexion. Elíasson spürt den Details nach, der Essenz der Dinge und verdichtet sie in seinen Arbeiten zu einem Gesamtkunstwerk. Wie bei Harpa, dem preisgekrönten Opernhaus in Reykjavík.

Harpa bedeutet Harfe. Die Oper versinnbildlicht den Mythos einer ganzen Nation. In ihrer Gesamtheit entstammt sie übrigens nicht Elíassons genialem Geist. Ihre gläserne Hülle hingegen schon. Was aus der Ferne einem spiegelglatten Körper gleicht, ist in Wahrheit eine wabenartige Struktur aus Glas. Dichroitisches Glas. Der Zungenbrecher sorgt dafür, dass auch einfallendes Licht ins Stolpern gerät: Nur bestimmte Wellenbereiche werden durchgelassen, andere reflektiert. So erscheinen Oberflächen je nach Betrachtungswinkel und Intensität des Tageslichts in Schattierungen von Grün, Gelb oder Blau. Farben Islands. Eine Hommage an bemooste Lavafelder, das bunte Hochland, den Himmel und die See. Ein Kaleidoskop im Wechselspiel von Sonne und Wolken. Raffiniert, gleichzeitig poetisch. Auch die Form der Waben ist nicht zufällig gewählt, vielmehr den für die Vulkaninsel so typischen Basaltsäulen nachempfunden. Ganze 956 verschmelzen hier zu einem glitzernden Resonanzkasten.

Am 4. Mai 2011 versetzte Beethovens 9. Harpa zum ersten Mal in sinfonische Schwingungen. Ein Haus der Musik, virtuos komponiert zu Gischt aus Glas.

TIPP

Der Zugang zum spektakulären Foyer ist frei. Tickets für Oper oder Konzert gibt es oft kurzfristig.

● Harpa, Austurbakka 2, 101 Reykjavík, Tel. +354 5 28 50 00, www.harpa.is

Mittsommer

2 Magische Nächte am Húnafjörður

Am Tag der Sommersonnenwende – auf der Nordhalbkugel um den 21. Juni – erreicht die Sonne ihren Höchststand über dem Horizont. Dann ist der längste Tag und die kürzeste Nacht. Nahe den Polarkreisen geht die Sonne gar nicht mehr unter. Licht, Sonne, Frohsinn: Die „weißen Nächte" oder Mittsommer werden in nordischen Ländern von vielen Festen begleitet. In Island ist es die Jónsmessa. Man feiert sie am 24. Juni. Der Folklore nach nehmen Robben in dieser magischen Nacht Menschengestalt an, Kühe sprechen plötzlich, Elfen zeigen sich. Sogar dem Tau werden zu Mittsommer besondere Heilkräfte zugeschrieben: Sich darin zu wälzen, gilt als gesund.

Wer daran glaubt – vielleicht auch all diejenigen, die gerade nicht daran glauben –, begibt sich in den weißen Nächten möglichst hoch in den Norden. Auf der Halbinsel Vatnsnes gibt es einen zauberhaften Ort, um der Magie nachzuspüren. Am Ostufer des Húnafjörður leben große Gruppen Robben, auch einen versteinerten Troll gibt es dort: den gewaltigen Hvítserkur. Ein bizarrer Basaltfelsen, 15 Meter hoch und vom Wasser umspült, der Seevögeln als Nistplatz dient. Nahe beim Hvítserkur lassen sich die Robben bestens beobachten: beim Sonnen auf den Felsen oder Sandbänken, beim Schwimmen durch die Bucht. Oft kommen die verspielten Tiere neugierig näher. Man sollte aber unbedingt Abstand halten und sie keinesfalls aufschrecken.

TIPP

Am Westufer der Halbinsel Vatnsnes gibt es weitere Robbenkolonien.

Bei Vatnsnes wird die Sonne zur Sommersonnenwende noch kurz hinter dem Horizont verschwinden. Doch nur, um gleich wieder aufzutauchen. Dunkel wird es nicht. Das Licht ist besonders. Selbst wenn die Robben weiter im silbrig-pelzigen Körper durch die Bucht gleiten und auch der Troll steinern am Strand verharrt, liegt Magie über allem. Weil man auch in den kürzesten Nächten schlafen mag, quartiert man sich am besten im Hostel Ósar ein. Es liegt auf einer Anhöhe gleich am Ufer, Gäste werden herzlich empfangen. Und in den Zimmern mit Blick auf die Bucht träumt man vielleicht von Elfen und Robben in Menschengestalt.

● Ósar Hostel, Vatnsnesvegur T711, Vatnsnes, 531 Hvammstangi

Ein Land trägt Masche

3 Lopapeysa – der isländische Wollpullover

Sie sind grob und rau, zeigen grafische Muster, halten warm und trocken, piksen auf nackter Haut. Wer behauptet, dass sie nach Schaf müffeln, hat keinen echten erwischt: *Lopapeysur.* Inbegriff eines Lebensgefühls, Launen und Schönheit der Natur Faden für Faden verstrickt zur Ikone einer ganzen Nation.

Lopapeysa – plural *Lopapeysur* – heißt ganz einfach Pullover *(peysa)* aus Wolle *(lopi)*. Schon 1584 wird Stricken schriftlich in Island erwähnt, doch der heute bekannte *Lopapeysa* hat eine recht junge Geschichte. Seine Muster gehen auf die 1920er-Jahre zurück. Inspiriert vor allem von den folkloristischen Mustern der kanadischen Cowichan, von den Aran-Inseln und Norwegen. Dass der *Lopapeysa* zum traditionellen Kleidungsstück aufsteigt, gehört zur isländischen Identitätsbildung nach 1944. Eine junge, in die Souveränität entlassene Nation findet sich selbst. Der raue Wollpullover wird zu einem ihrer Symbole. Das Land trägt fortan Masche.

TIPP
Echte Lopapeysur sind überall in Island erhältlich. In Reykjavík etwa bei der Handknitting Association.

Wolle ist eines der wenigen Produkte, die Island nicht importieren muss. Schließlich leben fast eine halbe Million Schafe auf der Insel. Die Tiere liefern das Vlies, das zu Strickgarnen in allein 17 natürlichen Farbschattierungen zwischen Weiß, Grau, Braun und Schwarz versponnen wird.

Für die schön gemusterten *Lopapeysur* lassen Frauen aller Generationen – mitunter auch Männer – ihre Nadeln fliegen. Etwa eine Woche brauchen sie dafür. Charakteristisch ist die rundgestrickte Schulterpasse mit mindestens dreifarbigem Muster, das sich ursprünglich auch am Saum und an den Ärmelbündchen wiederholte. Der Pullover wird am Stück gestrickt, wobei der Rhythmus des Musters an der Schulterschräge ganz besonders kniffelig ist. Einen echten isländischen *Lopapeysa* erkennt man schnell am individuellen Muster, an der leichten Unregelmäßigkeit und am Etikett mit dem Namen der Strickerin. Es ist nicht nur ein Pullover. Ein *Lopapeysa* ist ein Gefühl, das man sich überstreift. Nie waschen, nur lüften ist übrigens das Geheimnis für seine lange Lebensdauer!

● Handprjónasambandið, Skólavörðustígur 19, 101 Reykjavík
www.handknitted.is

Erfrischend!

4 Die Kaskaden des Fossálar

Wenn ein Ort in Island heiter stimmt, dann ist es der Fossálar, der vielleicht winzigste Wasserfall der Insel. Man könnte ihn für einen Wildwasserbach halten, aber selbst dafür ist er nicht tief genug. Im Osten – im Austurland –, unweit von Kirkjubæjarklaustur, schlängelt sich der schmale Fluss zwischen Gebirge und Meer, verzweigt sich spielerisch und strömt über zahlreiche Kaskaden. Die höchste misst nur etwa einen Meter und ist trotzdem berauschend schön. Das Besondere am Fossálar: Er macht sich ziemlich breit. Sein Bett ist felsig, die Ufer sind moosbewachsen, zwischen beiden schwillt der Fluss sinfonisch an und wieder ab. Felsen werden zu kleinen Inseln, tauchen im Gurgeln des Wassers unter und bald wieder auf. Obschon hier das Donnern der großen Wasserfälle fehlt, ihre Dimensionen und Superlative, kann sich der Fossálar durchaus mit ihnen messen. Ein Traum für Fotografen! Hier kann man mit Filtereinstellungen spielen und Bewegungen einfrieren, die Kulisse ist bilderbuchgleich und die Farben – typisch isländisch – sind verwaschen schön: eine Trilogie aus Basaltgrau, Moosgrün und dem eigentümlichen Türkisblau, das die kalten und mineralhaltigen isländischen Gewässer häufig auszeichnet.

TIPP

In 10 Minuten zu Fuß erreichbar: die imposanten Basaltformationen Dverghamrar. Sehenswert!

Nach 300 Metern fällt der Vorhang für das schöne Schauspiel. Der Fossálar nimmt seinen Abschied, fließt unter der Ringstraße hindurch, mäandert in weiten Bögen und zahllosen Verästelungen vorbei am Lavafeld Brunahraun und mündet später in den Gletscherfluss Skaftá, der auf seinem Weg aus dem Hochland dem Atlantik entgegenströmt.

Fossálar heißt zu Deutsch Wasserfall der Aale. Ein sprechender Name, der übrigens nicht nur die Kaskaden, sondern auch den Fluss selbst bezeichnet. Folgt man dessen Lauf bis zur Brücke an der Ringstraße und dann gerade bis zur Flanke des Bergs, kommt dort ein weiterer Wasserfall in Sicht: der schlanke, 82 Meter hohe Foss á Síðu, der bei stürmischem Wetter bergan getrieben wird.

● Fossálar, Hringvegur N1 (1 Kilometer nordöstlich von Dverghamrar), 880 Kirkjubæjarklaustur

Märchenhaft

5 Auf den Spuren der Rentiere im Osten Islands

Ihr Habitat ist der Norden: die Tundren Sibiriens und Lapplands, sogar auf hocharktischen Inseln wie Spitzbergen fühlen sie sich wohl. Rentiere sind kälteliebend und genügsam und die einzige Hirschart, die vom Menschen domestiziert wurde. Einpferchen lassen sie sich dennoch nicht. Vielmehr hat sich der Mensch angepasst und folgt ihren Wanderungen. Das Ren ist auch die einzige Hirschart, bei der das Weibchen ein Geweih trägt: lange Stangen mit wenigen Sprossen, wie ausladende Arme nach vorne gewölbt. Zusammen mit dem oft silbergrauen Fell verleihen sie den Tieren eine besondere Aura. Eine märchenhafte.

Auf Island waren Rentiere nie heimisch. Erst 1771 kamen sie als Einwanderer aus Lappland. 13 Tiere per Schiff. Gedacht als Grundstock für eine Zucht zur zusätzlichen Versorgung der Bevölkerung mit Fleisch. Weil aber die Isländer keine Lust auf ein nomadisches Leben hatten, gingen die Tiere schon bald ihrer eigenen Wege, wanderten ins entlegene Hochland und ließen sich nicht mehr blicken. Zwischen Oktober und Mai, wenn es in den kargen Hochebenen selbst für Rene zu unwirtlich wird, wandern sie in tiefer liegende Gebiete. Dann kann man die scheuen Tiere in den Ostfjorden und in Küstennähe so weit südlich wie Jökulsárlón sichten. Während sich Rentiere auf ihren Wanderungen zu großen Herden – in Island steigt die Zahl der schwankenden Population heute auf bis zu 7000 Tiere an – zusammenschließen, streifen sie an ihren Futtergründen in kleinen Gruppen umher. 10 bis 100 Tiere lassen sich dann beim Grasen beobachten. Übrigens befinden sich immer nur Weibchen oder Männchen in den Gruppen. Die Hierarchie bemisst sich an der Geweihgröße, manchmal wird sie in Kämpfen entschieden. Wer das Glück hat, einen zu beobachten, fühlt sich an eine einstudierte Choreografie erinnert. Liegt Schnee, ist es oft gar nicht einfach, die Tiere mit ihrem hellen Fell vor dem weißen Hintergrund auszumachen. Ein bisschen Geduld beim Aufspüren der Rene lohnt: Ihr Anblick ist unerhört schön!

TIPP

Rentiere sind scheu, flüchten aber nicht vor Pkw. Am besten also aus dem Auto heraus beobachten.

● Entlang der Hringvegur N1 zwischen Jökulsárlón und Möðrudalsöræfi

Im Reich des Riesen

6 An Islands höchster Klippe Lómagnúpur

Kolossal ist das richtige Wort für Islands höchste Meeresklippe. Dies gleich vorweg: Das Meer ist nicht mehr da, seit sich das Land gehoben und die Küste weiter nach Süden verschoben hat. Wo früher der Ozean brandete, wogen heute Wellen aus Wildblumen und Gräsern. Eine kleine Lagune dümpelt noch in der weiten Ebene. Es ist eine leise Bühne für den 764 Meter hohen Lómagnúpur, der sich wie ein gewaltiger Keil in die Landschaft schiebt und an seiner Südseite beinahe senkrecht abfällt.

Wer über die Ringstraße von Osten anreist – kurz vor dem Berg gibt es Abzweige und Gelegenheit zum Parken –, dem verschlägt der Anblick schier den Atem: Da liegt ein gewaltiger Monolith, der dennoch keiner ist, denn der markante Bergrücken wurde in über einer Million Jahren aus unterschiedlichsten Laven und Sedimenten aufgebaut. Schicht für Schicht markieren sie ihr Zeitalter. Schnell aussteigen und den Anblick ungefiltert in sich aufsaugen. Meist ist die Lagune überschwemmt und dient als fantastischer Spiegel für den Berg. Glücksmoment nicht nur für Fotografen! Tief hängende Wolken tun ein Übriges für die Szenerie, die wie aus der Zeit gefallen scheint. Und tatsächlich beflügelt der Ort schon seit Jahrhunderten Erzähler und Geschichtenschreiber. So berichtet die *Njáls Saga,* dass der riesenhafte Járngrímur im Berg wohnt. Und manch einer deutet die gewaltigen Steinschläge am Lómagnúpur auch heute noch als gelegentliches Räuspern des Riesen. In der isländischen Mythologie gilt Járngrímur als Beschützer der ersten Siedler und genießt hohes Ansehen. Seit Islands Unabhängigkeit von Dänemark am 17. Juni 1944 ziert sein Abbild das isländische Wappen.

Am Lómagnúpur muss sich niemand mit einer Zuschauerrolle begnügen, obwohl auch das bloße Anschauen eine schöne Sache ist. Wer Bergsteigererfahrung mitbringt, findet im Osten, nahe dem Weg nach Núpsstaðaskógur, Zugang zum Berg. Informationen etwa über die Icelandic Mountain Guides (www.mountainguides.is), die auch unterschiedlichste Touren anbieten.

TIPP

Nur 2,5 Kilometer entfernt liegt die malerische Núpsstaðakirkja, Islands kleinste Torfkirche.

● Lómagnúpur, Hringvegur N1 zwischen Kirkjubæjarklaustur und Skaftafell, 880 Skaftárhreppur

Gutes aus der Fischfabrik

7 Echt isländische Küche im Matur og Drykkur

Im Grunde ist Matur og Drykkur kein Name. Es bedeutet ganz einfach essen und trinken. Dennoch haben diese drei Worte für die meisten Isländer einen besonderen Klang: Matur og Drykkur ist der Titel eines 1947 veröffentlichten Kochbuchs von Helga Sigurðardóttir. Über Jahrzehnte das wichtigste Nachschlagewerk der isländischen Küche. Ein dicker Schinken und zuzeiten ein beliebtes Auszugsgeschenk: Mit einem „Það er best að athuga hvað Helga segir" – „am besten nachschauen, was Helga dazu sagt" –, entließen Eltern ihre Kinder in die Selbstständigkeit. Und an den eigenen Kochtopf. Man munkelt, dass auch heute noch ein Exemplar in jedem isländischen Haushalt zu finden ist.

Im Matur og Drykkur, dem Restaurant in der alten Pökelfabrik am Reykjavíker Hafen, leuchtet Helgas Buch rot im Regal. Es ist so etwas wie ein Anker, Bekenntnis zur traditionellen isländischen Küche. Lamm, Rentier und Fisch selbstredend, Gepökeltes oder Fermentiertes stehen auf der Karte. Wer jedoch an müffelnden Grönlandhai oder zähen Trockenfisch denkt, sei beruhigt. Zwischen den Seiten von Helgas Nachschlagewerk liegt eine Prise Inspiration, interpretiert wird kühn und frisch, ja, sensationell. Das Matur og Drykkur destilliert Geschmack und Gerüche der isländischen Landschaft. Etwa beim in Schafsbrühe gedünsteten Kabeljaukopf, der anschließend mit Geflügelfond glasiert und vor den Augen der Gäste flambiert wird. Der Anblick verwirrt, der Geschmack versöhnt.

Heilbutt-Suppe mit Muscheln und grünen Äpfeln, Skyr mit Rhabarber und Engelwurz, Fischchips mit Mousse aus Seetang: Ein Michelin-Stern adelt die eigenwilligen Kreationen. Eigenwillig ist auch das Interieur, das in alten Fotografien an die Zeit zwischen 1924 und Ende der 1960er-Jahre erinnert, als hinter den schlichten Mauern Fisch gepökelt wurde. Die Atmosphäre im Restaurant ist lässig, hat viel Wohlfühlpotenzial. Nach dem Sechs-Gänge-Menü ist man glücklich satt. Ein Cocktail passt noch. Mit einem Schuss Molke. Essen und Trinken auf Isländisch.

TIPP

Bis zum alten Hafen sind es nur wenige Schritte. Schiffe gucken zum Abschluss eines schönen Abends.

● Matur og Drykkur, Grandagarður 2, 101 Reykjavík, Tel. + 354 5 71 88 77
www.maturogdrykkur.is

Helga Sigurðardóttir
MATUR
OG
DRYKKUR

Durchs schwarze Watt

8 Mit dem Traktor zum Vogelfelsen Ingólfshöfði

Ein Felsplateau, das wie ein gewaltiger Schiffsbug ins Meer ragt. Ganze 76 Meter hoch und mehr als 1 Kilometer lang, nur bei Niedrigwasser zugänglich und niemals zu Fuß: das Kap Ingólfshöfði. 874 soll hier der legendäre Ingólfur Arnarson an Land gegangen und für einen Winter geblieben sein, bevor er in der „Rauchbucht", dem heutigen Reykjavík, sesshaft wurde. Seine Rolle als erster Siedler Islands wird Arnarson schon lange streitig gemacht. Ein steinernes Denkmal hat man ihm auf Ingólfshöfði trotzdem gesetzt.

Nicht als Winter-, vielmehr als Sommergäste bevölkern heute Zigtausende Seevögel das Kap. Sie kommen, um zu nisten. Auf dem grasbewachsenen Plateau machen es sich Bodenbrüter wie angriffslustige Skuas – die Piraten der Lüfte – und Schmarotzerraubmöwen gemütlich. Die Möwen verdanken ihren Namen der Tatsache, dass sie anderen die Beute streitig machen. Sie lassen erst dann von den Bedrängten ab, wenn die ihre Fische fallen lassen. Ganz schön dreist! An den Steilhängen tummeln sich friedlichere Papageientaucher und Eissturmvögel, Trottellummen oder Tordalke. Ihnen kann man hier ganz nahe kommen. Ingólfshöfði ist ein Ort, der nicht nur Vogelkundler ziemlich glücklich macht!

TIPP

Die Traktor-Tour unbedingt vorab buchen, etwa über www.adventures.is, Stichwort Ingólfshöfði.

Weil das Kap nur bei Ebbe zugänglich und der kilometerweite Sander aus schwarzer Vulkanasche, der zwischen Festland und Felsen liegt, wie ein Watt von Prielen durchzogen ist, geht es per Traktor durch die Ebene. Und weil Ingólfshöfði seit 1978 unter Naturschutz steht, dürfen Besucher nicht auf eigene Faust wandern. Einar, Landeigentümer und Farmer auf dem nahen Hof Hofsnes, sorgt für eine sichere Fahrt. Ein rustikaler Heuwagen dient als Vehikel und allein das ist ein Erlebnis. An nebelschweren Tagen freut man sich besonders über den sicheren Platz auf dem ruckelnden Anhänger, denn einen erkennbaren Weg gibt es hier nicht. Am Kap führt eine Düne hinauf aufs Plateau. Die Aussicht ist überwältigend. So weit, so großartig, dass man bleiben möchte. Und für eine gute Weile darf man ja auch.

● Ingólfshöfði-Treffpunkt (ab Ringstraße ausgeschildert) Hofsnes, 785 Öræfi

Schäfchen zählen

9 Zum Schafabtrieb nach Flúðir

Unerschrocken, zäh und zerzaust, ihre Wolle bringt 17 verschiedene Farben hervor. Das macht die 400.000 Schafe in Island zu echten Trendsettern. Im Sommer streifen sie wild umher. Meist im Hochland. Manchmal treiben sie sich in Küstennähe herum und kreuzen plötzlich den Weg. Dann entbrennt ein Zweikampf um Vorrang auf der Straße. Doch meist ziehen die wolligen Vierbeiner schnell weiter. Immer getrieben vom Hunger auf saftiges Grün.
Schafe gehören zu Island wie heiße Quellen und rauschende Wasserfälle. Dass es in den späten 1970er-, frühen 1980er-Jahren über 800.000 Tiere auf der Insel gab, ist im kollektiven Gedächtnis noch sehr präsent. Warum es immer weniger werden? Island isst anders: weniger Lamm, mehr Geflügel oder Rind. Selbst die steigende Nachfrage nach Wolle für die sehr beliebten *Lopapeysur,* die wärmenden Wollpullover mit der schönen Musterung, kann dem nicht viel entgegensetzen. Wenn es aber gilt, 400.000 Schafe, die von Frühjahr bis Herbst ganz ungestört im einsamen Hochland ihr Futter suchen, vor den ersten Schneestürmen ins Tal zu treiben, dann ist das noch immer eine Herkulesaufgabe. Zum jährlichen Schafabtrieb *Réttir* kommen darum Familie, Freunde und jede helfende Hand zusammen, um zu Fuß, zu Pferd oder mit dem ATV die Tiere einzusammeln. Ein Spektakel ohnegleichen, eine ernsthafte Aufgabe und dennoch ein Spaß, selbst wenn Helfer zur Belohnung blaue Flecken kassieren. Der Hrunaréttir bei Flúðir gehört zu den bekanntesten Schafabtrieben im Land. Besucher sind willkommen. Erfahrene Reiter können manchmal mitmachen. Man fragt sich vorab einfach ein wenig durch. Auch als Zuschauer am Pferch und entlang des Wegs ist der *Réttir* ein einmaliges Erlebnis. Überall blökt es, aufgeregtes Hundebellen mischt sich unter die Rufe der Reiter, die Schafe werden im Zaum gehalten, gezählt, sortiert. Hunderte, Tausende. Es gibt üppig zu essen, gute Musik und glückliche Gesichter. Erst dann treiben Besitzer ihre Tiere die letzten Kilometer zum heimischen Hof.

TIPP

Réttir findet an über 100 Orten in ganz Island statt. Termine über www.feykir.is

● Hrunaréttir, Pferch am Hrunavegur (zwischen Laugavegur und Kaldbaksvegur), 845 Flúðir

Kunst mit Norddrift

10 Am Nordpolarkreis auf Grímsey

Polarkreis. Das klingt nach dem Ende der Welt. Und ist auch sehr passend, wenn man die kleine Insel Grímsey betrachtet: ein Fleckchen Land, gut 40 Kilometer vor der Küste Nordislands, 5 Quadratkilometer groß. Heimat von 100 Menschen und Abertausenden Seevögeln. Jedenfalls im Sommer, wenn Küstenseeschwalben vom Südpolarmeer, Papageientaucher, Lummen und Tordalke oder auch der geschützte Krabbentaucher zum Nisten herkommen. Lärmend, manchmal angriffslustig. Allein ihretwegen lohnt die Reise nach Grímsey. Die meisten Besucher kommen jedoch, um hier den Nordpolarkreis zu überqueren. Jene magische Linie, an der die Sonne zur Sommersonnenwende – zur *Sumarsólstöður* – am 21. Juni gerade nicht mehr untergeht.

Nur ein Schritt über einen imaginären Kreis. Im Grunde einfach, doch nicht immer ganz eindeutig. Denn seine Position verschiebt sich, weil die Erdachse kippt und die Pole wandern. Ein Phänomen, das fesselt. Das man sich vielleicht auch einmal wissenschaftlich erklären lässt! 1717 trat der Nordpolarkreis zum ersten Mal in Grimsey ein, seit 1750 liegt er permanent über der Insel. Um 2050, so die Prognose, wird er sich nach Norden entfernt haben.

TIPP

Im Süden der Insel auch die „Jahrhundertsteine" – Polarkreismarken für 1717, 1817 und 1917 – anschauen.

Mit dieser Bewegung korrespondiert seit 2017 eine riesige Betonkugel: *Orbis et Globus,* 3 Meter im Durchmesser, fast 9 Tonnen schwer. Ein Werk des Künstlers Kristinn E. Hrafnsson. Mit dem Material Beton schafft er Nähe zur Tradition isländischer Architektur. Rau und blass fügt es sich eigentümlich schön in die Landschaftskulisse aus verwaschenem Grün und Meerblau. Jährlich zur Sommersonnenwende wird *Hringur og kúla,* wie die Kugel auf Isländisch genannt wird, verschoben und folgt dem Polarkreis auf dessen neue Position. Ein Sinnbild mit Gravitas. Tatsächlich übt die Kugel eine starke Anziehungskraft aus und lädt zu unterschiedlichsten Berührungen ein. Schieben und drücken, sich für ein Selfie ans kühle Material lehnen, die raue Oberfläche nachzeichnen: Wie klein man sich dabei fühlt und doch so großartig!

● Orbis et Globus, 611 Grímsey, zu Fuß 3,7 Kilometer ab Hafen, 2,5 Kilometer ab Flughafen

Handschmeichler

11 In den Eishöhlen des Vatnajökull

Mehr als 8000 Quadratkilometer Eiswüste, darunter bis zu 800 Meter tiefe Täler. Eine Eiskappe, die an manchen Stellen ganze 1000 Meter dick ist und mit 30 Gletscherzungen gierig ins Land leckt. Das sind die Superlative, die den Vatnajökull im Osten Islands zum größten Gletscher Europas außerhalb der Polargebiete machen. Er liegt im gleichnamigen Nationalpark, zu dem auch Fjallsárlón und Jökulsárlón gehören, jene unwirklich schönen Lagunen, in denen schmelzendes Drifteis in allen Nuancen zwischen Weiß, Grau und Blau schimmert. Seit 2019 ist der Vatnajökull Teil des UNESCO-Weltnaturerbes. Auf seiner Oberfläche von Spalten zerfurcht, deren Gewaltigkeit nur erfassbar wird, wenn man staunend und klein vor einer Gletscherzunge steht, verbirgt sich unter dem mächtigen Eisschild eine faszinierende Gegenwelt: schillernde Eishöhlen. Auch sie gewaltig. Mit meterdicken Wänden, die in polierten Wellen wogen. Vor allem in Blau. Je tiefer man in die Höhle vordringt, desto intensiver wird die Farbe. Klar wie Glas, 10, 15 Meter dick. Seine Oberfläche fühlt sich gut an. Ein Handschmeichler. Es gibt Nischen und Seitengänge. Mit gurgelndem Echo strömt Schmelzwasser vom letzten Sommer über kleine Kaskaden dem Tageslicht entgegen. Das Wasser wäscht die Höhlen ins Eis. Die kann man darum auch nur im Winter – und ausschließlich mit Bergführer – erkunden, wenn die Temperaturen im Inneren konstant unter 0 Grad liegen.

TIPP

Wer Island im Sommer bereist, unternimmt statt einer Eishöhlen-Tour eine Gletscherwanderung.

In die Eiswellen zeichnen sich allenthalben feinste Linien. Es sind Risse, die durch Bewegung im Gletscher entstanden sind. Gletschereis fließt. Ab einer Stärke von 30 bis 50 Metern taut es durch hohen Eigendruck, gefriert wieder, passt sich dabei dem unebenen Gelände an und schiebt sich langsam bergab. Am Südrand des Vatnajökull, am Breiðamerkurjökull, bis zu 1 Meter pro Tag.

Ob diese oder jene Eishöhle auch im nächsten Winter zugänglich sein wird, weiß niemand. Die Höhlen entstehen und verschwinden wieder. Nicht jede wird entdeckt. Eine glückliche Laune der Natur.

● Breiðamerkurjökull, Suð-Austurland, www.explorers.is

Kunst statt Kabeljau

12

Das kreative Zentrum von Stöðvarfjörður

In Island gehört Fischfang zum kulturellen Erbe. Als 1984 die Fangquoten privatisiert wurden, machte das einige Fischer sehr reich, andere sehr wütend. So geschehen im winzigen Stöðvarfjörður, das sich einmal einer florierenden Fischindustrie rühmen konnte. Bis ein Investor die Fangquote kaufte. Mit ihr verschwanden 2005 die Trawler, die Fischfabrik, Bank und Post, Supermarkt und Bewohner.
Heute pendelt die Bevölkerungzahl des entlegenen Dorfs in den Ostfjorden um die 200. Die Wut ist gewichen. Schon lange blickt man der Realität ins Auge. Und packt an. Um den Ort mit Leben, Kultur und Kreativität zu füllen und Perspektiven zu schaffen. Vor allem neue Jobs. Und welcher Ort hätte eine größere Strahlkraft als die alte Fischfabrik? Seit 2011 befindet sich hier das Kreativzentrum des Dorfs. Eine Art Co-Working-Space für Künstler verschiedenster Disziplinen. In der Fish Factory – der Name ist geblieben – stehen Ateliers und Werkstätten für künstlerisches Schaffen zur Verfügung. Eine Keramik- und Textilwerkstatt, eine Druckerei, Holz- und Metallwerkstätten. Man mietet sich ein. Auch in den angeschlossenen Unterkünften. Die Fish Factory, die heute einer gemeinnützigen Kooperative gehört und ehrenamtlich renoviert und ausgebaut wird, trägt sich so selbst. Neben den Künstlerateliers wurden Orte der Begegnung eingerichtet: eine kleine Bibliothek etwa und ein Konzertsaal für unterschiedlichste öffentliche Aufführungen. Ein Teil des Gebäudekomplexes wurde inzwischen sogar wieder seiner ursprünglichen Bestimmung zugeführt: Es gibt eine kleine Fischverarbeitung, außerdem wird hier der lokale Fischmarkt abgehalten. Besucher haben vielleicht Glück und treffen einen der Künstler außerhalb der Ateliers auf einen Plausch. Auch das Gebäude selbst ist sehenswert: Rundum mit expressiven Wandbildern bemalt, ist es zum eigenständigen Kunstwerk geworden, signalisiert Aufbruch und Heiterkeit. Eine Stimmung, die unbedingt abfärbt!

TIPP

Im benachbarten Café Brekkan – auch Touristeninfo – leckere, hausgemachte Fischklöße essen.

● Fish Factory, Bankastræti 1, 755 Stöðvarfjörður, www.inhere.is

Davor und dahinter

13 Im Sprühnebel vom Seljalandsfoss

Er ist weder der höchste noch der mächtigste Wasserfall Islands. Ein Geheimtipp erst recht nicht. Außerdem macht er einen Heidenlärm. Und doch ist der Seljalandsfoss ein ganz besonderer Glücksort, einer, wo das Herz heftig hüpft! Hier wird man wieder zum Kind, erinnert sich ans Pfützenspringen von früher, nimmt stattdessen aber ganz ausgelassen eine Regendusche. Wie das? Hinter dem Wasserschleier, den der Fluss Seljalandsá bei seinem Sturz über die Felsklippe am Fuß des Eyjafjallajökull ausbreitet, windet sich ein Pfad. So glücklich, dass man einen kurzen Spaziergang an die andere Seite des Wasserfalls unternehmen kann. Die Gischt sprüht gewaltig, Flaneure werden unweigerlich nass. Ein Regencape ist hier das kleidsamste Accessoire!

In die Klippe, die einst die Küstenlinie im Süden markierte, gräbt sich eine Höhle. Man kann ein gutes Stück zurücktreten und dort, wo der Pfad im leichten Bergauf und Bergab den tiefsten Punkt erreicht, die unfassbar schöne Aussicht genießen. Die Höhlenöffnung wird zu einem riesigen Auge. Davor der Wasserschleier, 66 Meter hoch, rauschend und glitzernd. Er wirkt wie ein Farbfilter für die Landschaft, mal golden, mal grün. Und wie ein Multiplikator fürs Glück!

TIPP

Inmitten der großartigen Landschaft in den Naturhäusern von www.seljalandsfoss.is übernachten.

Im Winter erstarrt der Seljalandsfoss regelmäßig zu Eis, formt fantastische Stalaktiten. Dann legt sich auch ein puderrosa Schimmer über die Landschaft, und über die Ebene hinweg – im Sommer strömte hier noch das Wasser dem Meer entgegen – kann man die markanten Silhouetten der Vestmannaeyjar – Westmännerinseln – ausmachen. Die verdanken ihren Namen übrigens Sklaven aus Ländern „westlich von Skandinavien“: mit den Wikingern nach Island gekommen, ihren Herren entflohen und auf den entlegenen Felsen im Meer wieder sesshaft geworden. So will es die Legende.

Nur 500 Meter westlich vom Seljalandsfoss liegt, versteckt in einer engen Schlucht, der Gljúfrabúi. Ein weiterer, winziger Wasserfall, der an Magie kaum zu übertreffen ist. Einfach dem schmalen Fußpfad folgen und noch einen Glücksmoment erleben!

● Seljalandsfoss, Þórsmerkurvegur (zwischen Hvolsvöllur und Skógar), Stóridalur, 861 Hvolsvöllur

Fette Fische, wilde Worte

14

Im Hafen von Höfn

Als hätte jemand einen bunten Teppich zum Willkommensgruß ausgerollt: In fetten Buchstaben, orange, türkis und weiß, nebeneinander und kopfüber sind die Namen heimischer Fische und Worte, die nur Eingeweihten Aufschluss geben, auf den Asphalt gepinselt. Bleiða etwa heißen die Fanggründe für Lobster, kló – wer denkt da nicht an Klaue? – ist dessen Schere, hali der Schwanz.

Ein Puzzle aus Worten im Hafen von Höfn. Hübsch und passend, direkt vor der Hafenbehörde, die einzig aus einem winzigen Gebäude besteht, das so adrett in der Morgensonne leuchtet, als sei es frisch gewienert. Ein Häuschen kaum größer als ein Wohnzimmer. Die typische Wellblechfassade ist hellgrau gestrichen, grün gerahmte Fenster öffnen sich zum Hafenbecken. Das liegt spiegelglatt da. Kaum vorstellbar, dass jenseits der schützenden Mauern das Nordmeer braust.

Höfn í Hornafirði, so der offizielle Name der Gemeinde, bedeutet nichts anderes als Hafen im Hornfjord. Mit weniger als 2000 Einwohnern zählt der aus bunten Häusern zusammengewürfelte Ort erstaunlicherweise zu den größeren und wichtigen im Land. Neben dem westlicheren Þorlákshöfn ist Höfn etwa der einzige Hafen an Islands flacher Südküste. Hier lebt man vom Fischfang und von der Fischverarbeitung. Meist ankert ein Trawler direkt vor der Fischfabrik. Wer einen Blick auf den Fang erhaschen möchte, auf riesigen Kabeljau oder Meeresgetier, das aus großen Augen glotzt, faszinierend und ungeheuerlich zugleich, steht früh auf. Islands Gewässer gehören übrigens zu den fischreichsten Fanggründen im Nordatlantik.

TIPP
Sehenswert ist das benachbarte Heimatmuseum Gamlabúð, einstiges Wohnhaus von Ottó Tuliníus.

Vorm Hafenhäuschen, gleich bei den bunten Botschaften, steht eine schlichte Holzbank. Die überlässt der Wachhabende gerne einmal Besuchern, bietet sie doch den besten Blick aufs Wasser. Auch aufs knallgelbe Lotsenboot: Die wendige „Björn Lóðs" eskortiert Frachter, Tanker und Fischerboote, rückt aus, um Arbeiter zu chauffieren, oder schleppt manövrierunfähige Boote ab. Irgendetwas ist hier immer los!

● Krosseyjarvegur (am Hafenbecken), 780 Höfn í Hornafirði

BJÖRN LÓÐS

Tollkühne Flieger

15 Am Vogelfelsen Látrabjarg

Die berühmtesten Vogelfelsen Europas liegen im äußeren Westen Islands bei Látrabjarg. Ein Paradies für Ornithologen. Und ein Glücksort für alle, die raue Natur und die tollkühnen Akrobaten der Lüfte lieben. Genau genommen ist Látrabjarg einer von vier Küstenabschnitten – neben Keflavíkurbjarg, Bæjarbjarg und Breiðavíkurbjarg –, die Myriaden von Seevögeln in den Sommermonaten zum Nisten dienen. Dann ertönt hier ein vielstimmiges Konzert, vorgetragen von Tordalken und Trottellummen, Kormoranen und Dreizehenmöwen, Eissturmvögeln und den drolligen Papageientauchern, Islands heimlichem Nationalvogel. Die Steilküste mit den Brutplätzen erstreckt sich über rund 14 Kilometer im geologisch ältesten Teil des Landes. An ihrer höchsten Stelle fällt sie über 440 Meter senkrecht ins Meer. Es ist der schönste Ort, um den Papageientauchern ganz nah zu kommen. Die auffälligen Vögel mit ihrem orangeroten, dreieckigen Schnabel – übrigens nur während der Brutzeit leuchtend gefärbt – und dem eleganten schwarz-weißen Federkleid bauen an der Kliffkante meterlange Bruthöhlen. Ein Pärchen, das erstaunlicherweise in lebenslanger „Ehe" vereint ist, brütet dort ein einziges Ei aus. Von einem Parkplatz am Ende des Örlygshafnarvegur führt ein schmaler Trail über wenige Kilometer am Kliff entlang. Wenn das Gras trocken ist, legt man sich am besten irgendwo bäuchlings hinein: So lassen sich die Papageientaucher im Landeanflug beobachten. Der wirkt etwas tollpatschig, denn Papageientaucher haben kurze Flügel, die sie heftig schlagen, um die Balance zu halten. So scheinen sie im Wind zu torkeln. Das eigentliche Element der Vögel ist das Meer, wo sie zu den flinken Schwimmern gehören und tauchend nach Futter jagen. Sandaale sind die bevorzugte Beute der Vögel. Mit absurd vollem Schnabel fliegen sie zurück an Land. Vor allem im Juni herrscht am Látrabjarg Hochbetrieb. Beobachten kann man Papageientaucher hier jedoch schon ab Mitte Mai bis Ende August.

TIPP

Papageientaucher nisten auch auf den Vestmannaeyjar, am Kap Dyrhólaey und am Hafnarhólmi bei Bakkagerði.

● Látrabjarg, Örlygshafnarvegur T612, Hvallátur, 451 Patreksfjörður

Sonnenschiff

16

An der Uferpromenade von Reykjavík

An der Sæbraut stehen, quer über die Rauchbucht – nichts anderes bedeutet Reykjavík – bis hinüber zum Gebirgszug Esja schauen, geht unter die Haut. Die Esja ist vulkanischen Ursprungs, doch schon seit Millionen Jahren erloschen. In der Bucht wechselt das Wetter häufig und schnell. Über den Himmel fliegen Wolken und oft bleiben sie drüben am Gipfelkamm hängen. Sofort verändert sich dann das Licht und mit ihm die Farben der Landschaft. Wer dem nuancierten Spiel aus Blau, Grau, Grün und Braun folgt, das Gesicht in den Wind hält und die vom Geruch des Seetangs schwere Luft einatmet, ahnt, was Island ausmacht. Die Landzunge an der Sæbraut misst nur wenige Meter. Ein paar Stufen führen von der Uferpromenade hinunter, näher ans Wasser und an die stahlglänzende Skulptur, die sich kühn gegen den Himmel abzeichnet: *Sólfar* – Sonnenfahrt – heißt das Werk des isländischen Künstlers Jón Gunnar Árnason. Entworfen hat er es zum 200-jährigen Jubiläum der Stadt. Lange war Reykjavík lediglich ein Fischerdorf und kleiner Handelsposten gewesen. Am 18. August 1786 erhielt es Stadtrechte.

TIPP

Zum knallgelben Leuchtturm Höfði spazieren. Im Haus gegenüber verhandelten 1986 Gorbatschow und Reagan.

Als Ode an die Sonne, so Árnasons künstlerisches Konzept, weist *Sólfar* zwar Richtung Norden, doch das ist einerlei. Denn bei Sonnenauf- und Sonnenuntergang scheint die Skulptur zu glühen. Auch sonst malen Wetter und Licht ihre Farben eindrucksvoll auf den Stahl. Viele erkennen darin ein Wikingerschiff. An Bord abstrakte Figuren, die ihre Arme in die Luft werfen. Freude schwingt mit in den fließenden Linien, auch Aufbruch und Ankommen. Árnason, der 1931 in Reykjavík zur Welt kam und zuerst Maschinenbau, später auch Kunst studierte und lehrte, sah seine Skulptur als Symbol für vieles.

Nach einem tieferen Sinn muss hier jedoch niemand suchen. Lieber lässt man den Moment auf sich wirken. Ein eindringlicher Glücksort in der nördlichsten Hauptstadt der Welt, wo mehr als ein Jahrtausend zuvor Ingólfur Arnarson sesshaft wurde. Ob Islands erster Siedler ein Vorfahr des Künstlers war? Wer weiß!

Sólfar, Sæbraut, 101 Reykjavík

Vom Winde verweht

17 Am Leuchtturm von Kap Dyrhólaey

Man muss schon aufpassen, um die Abfahrt nicht zu übersehen: Zwischen Skógar und Vík í Mýrdal weist nur ein unscheinbares Schild den Weg nach Kap Dyrhólaey, jener steil aufragenden Halbinsel, die manche für den südlichsten Punkt Islands halten. Der liegt jedoch – lässt man die Vestmannaeyjar einmal außer Acht – etwa 20 Kilometer weiter östlich bei Kötlutangi und ist weniger spektakulär. Dyrhólaey verdankt seinen Ruhm einem Felsbogen, der monumental in den Atlantik ragt. Fotografen kommen wegen spektakulärer Motive ans Kap, Vogelkundler wegen der Papageientaucher. Die Flugkünstler mit den orangebunten Schnäbeln und der drolligen Federmaske nisten im Sommer in der 115 Meter hohen Steilseite des Kliffs. Ein akrobatisches Gewimmel, das sich so nur noch auf den Vestmannaeyjar oder am Látrabjarg in den Westfjorden beobachten lässt. Wieder andere kommen wegen der Aussicht. Und des Gefühls, dies sei der Saum der Welt.

TIPP

Mit Icelandair Besonderes erleben: Übernachten im Leuchtturm oder Wandern mit Isländern.

Wer am Dyrholavegur an der einzigen Gabelung rechts abbiegt, schraubt sich in Serpentinen hoch aufs Plateau. Zu schaffen nur mit Allradantrieb. Oder zu Fuß. Die Mühe wird belohnt: Landeinwärts liegt der weiß gepuderte Myrdallsjökull, nach Westen und Osten die lavaschwarzen Strände Reynisfjara mit den berühmten Felsnadeln, Kirkjufjara und Sólheimasandur, wo das Wrack eines 1973 notgelandeten Flugzeugs stumm Geschichten erzählt. Draußen auf See die Silhouetten der Vestmannaeyjar.

Über alldem wacht seit 1927 ein Leuchtturm. Markant eckig, 13 Meter hoch. Er ist weiß getüncht, Fensterrahmen und Kuppel sind leuchtend rot gestrichen. Die klaren Linien, die schöne Symmetrie sind ein fantastischer Kontrast zur Landschaft. In sehr seltenen Momenten bietet Icelandair hier Übernachtungen an.

Weißes Leuchtfeuer blitzt im Zehnsekundentakt. 50 Kilometer weit. Eissturmvögel stürzen sich durch den wirbelnden Wind über die Klippen. Man könnte stundenlang zusehen. Sich vom Wind durchpusten lassen, die Aussicht genießen. Und das Gefühl, dieser Ort sei tatsächlich der Saum der Welt.

● Dyrhólaeyjarviti, Dyrholavegur, 871 Vík í Mýrdal, rechtem Abzweig folgen; nur mit Vierradantrieb, sonst zu Fuß weiter

Die Poesie von Hali

18 Am Þórbergur Þórðarson Museum

Bis Mitte des letzten Jahrhunderts kamen Fremde nur selten in den Osten Islands. Schwer überwindbare Gletscherflüsse, der mächtige Vatnajökull und eine vom Atlantik umbrandete Küste ohne Hafen isolieren die Gehöfte. Man lebt von der Landwirtschaft. Es reicht gerade für den eigenen Bedarf. Fischfang bringt etwas Vielfalt auf den Tisch. In diese Welt voller Mühsal, aber auch engem Zusammenhalt und großartiger Erzähler – selbst in ärmlichen Stuben ist Dichtung in aller Munde –, wird Þórbergur Þórðarson geboren. Am 12. März 1888 kommt er auf dem Hof Hali zur Welt.

Für Bildung gibt es weder Gelegenheit noch Geld. Þórbergur schlägt sich als Schiffskoch, Tagelöhner und hungernder Bohemien durch. Auf der Suche nach Lebenssinn entdeckt er die Literatur, erhält ein kleines Stipendium, widmet sich der Mundart und Folklore. Er veröffentlicht autobiografische Aufsätze voller Selbstironie und Spott auf seine Landsleute. 1938 erscheint sein Roman *Islands Adel*, eines der wenigen Werke, das übersetzt wird. Auch auf Deutsch. Þórbergur ist ein streitbarer Geist, politisch, spirituell, humorvoll. 1974 stirbt er in Reykjavík. 30 Jahre später wird ihm in Hali ein Museum gewidmet. Dessen Fassade gleicht einem Bücherregal voller Romane und Gedichtbände. Meterhohe Skulpturen aus Stahl, leuchtend rot. Einige stehen schief. *Islands Adel* lehnt an der bissigen Satire *Brief an Laura, Hvitir Hrafnar* – Weiße Raben – quetscht sich neben ein Esperanto-Lehrbuch. Auch das hat Þórbergur verfasst. In allem war er Autodidakt. Hinter der gewaltigen Bücherreihe wellt sich das Gebäude im heute so alltäglichen Blech. Gletschergrau.

Drinnen steigt dem Besucher ein feiner Küchenduft in die Nase. Er erinnert daran, dass Hali noch immer als Farm bewirtschaftet wird. Noch immer von Þórbergurs Familie. Doch die Zeiten sind besser, denn mit dem Erbe des Autors werden alte Geschichten zu neuer Poesie verwoben. Das Museum ist eine glückliche Fügung. Dank junger Brücken über alten Flüssen mühelos erreichbar.

TIPP

Auf Hali werden Schafe und Seesaibling gezüchtet. Unbedingt Lamm und Fisch im Restaurant probieren!

● Þórbergssetur, Hali/Suðursveit, 781 Höfn í Hornafirði
www.thorbergur.is

Indriði miðill
Þórbergur Þórðarson
Hvítir Hrafnar
Þórbergur Þórðarson
Pistilinn skrifaði
Þórbergur Þórðarson
Að ævilokum
Þórbergur Þórðarson

Von Fischen und Kaskaden

19 ... am Urriðafoss im Süden Islands

Urriða ist das isländische Wort für Forelle. Von den Fischen, die kaltes Wasser lieben, gibt es reichlich in der Þjórsá, Islands längstem Fluss, der im Hochland entspringt und, der Riftzone folgend, nach Süden fließt. Bevor die Þjórsá, die sich kapriziös verzweigt, dabei kleine Inseln bildet und zu Überschwemmungen neigt, in den Atlantik mündet, springt sie zwischen Selfoss und Hella wild schäumend über ein Meer aus Felsen und Kaskaden: Urriðafoss heißt das Spektakel. Der breite Wasserfall ist der wasserreichste Islands.

Man soll hier gut fischen können. Lachse und Seeforellen eben. Erstaunlich, wie die Fische gegen die mächtige Strömung schwimmen. Erstaunlich auch, dass man den Urriðafoss, der doch nur wenige Hundert Meter abseits der Ringstraße liegt, meist für sich allein hat. Abgesehen von den wenigen Anglern. Mit ihnen, die sich ganz auf ihre Ruten konzentrieren und die übrige Welt kaum wahrnehmen, teilt man diesen großartigen Ort gern.

Am höher gelegenen Ufer ist ein Logenplatz eingerichtet. Ein rustikaler Holztisch mit Bänken. Davor eine Infotafel zum Fluss, zum Wasserfall, zu den Superlativen, die Island dem Besucher einmal mehr zu Füßen legt. Im Sommer ist dies der schönste Ort für ein Picknick, für ein Stündchen oder zwei, um in der blassblauen isländischen Sonne ein paar wärmende Strahlen zu erhaschen. Im Winter, wenn man den Sitzplatz unter Schnee nur erahnen kann, ist es einfach der beste Aussichtspunkt. Wenn es dann für längere Zeit richtig kalt war und der Fluss gefroren ist, lässt sich beobachten, wie dicke Schollen an der Barriere aus Felsen bersten, sich meterhoch auftürmen und schließlich von der Strömung fortgerissen werden. Zum Füßeaufwärmen dem Flusslauf ein kurzes Stück folgen und sich am Farbspiel aus Blau und Weiß und Grau, das in unfassbarer Intensität leuchtet, erfreuen. Und am Engelwurz: Im Sommer stellt er üppiges Grün zur Schau, in der dunklen Jahreszeit zeichnen sich seine trockenen Blütenstände wie Scherenschnitte gegen den Himmel ab.

● Urriðafoss, Urriðafossvegur, 803 Selfoss Árnessýsla

Was die Natur hergibt

20 Glücklich essen im Slippurinn auf Heimaey

Der aufgemalte Amboss überm Eingang ist eine leise Hommage an die Schiffswerft Magin. Hier wurden einmal Eisen geschmiedet und Muskeln gestählt. Doch die meisten Spuren sind längst verwischt im weiß getünchten Gebäude am Strandvegur, nur wenige Schritte vom Hafen auf Heimaey, der einzig bewohnten Insel der Vestmannaeyjar.

Statt Esse und Amboss füllen einladende Tische die alte Werft, wo heute eines der angesagtesten Restaurants Islands maximal leckere Küche auf den Teller bringt: Slippurinn, ein Familienbetrieb. Industrielampen, sichtbare Leitungen und eine von Flugrost geadelte Bar definieren das Ambiente. Holzbohlen am Boden erinnern an alte Schiffsplanken und überm gemütlichen Sofa tanzt ein Reigen aus Zangen wie Kunst an der Wand. Fürs Interieur zeichnet Indíana verantwortlich, Älteste unter vier Geschwistern.

TIPP

In seinem Buch Slippurinn erzählt Gísli Matt Küchengeschichten. Mit Rezepten, opulent bebildert.

Ihre Mutter Kata hat das Slippurinn – Isländisch für Schiffswerft – erdacht. Schon immer stach Kata das alte Gebäude ins Auge. Es versprach Potenzial. Als 2011 ihr Sohn Gísli Matt seine Ausbildung zum Koch abschloss, verdichtete sich die Idee vom Restaurant mit traditioneller Küche, die dem nostalgischen Gaumen der Isländer schmeichelt. Frisch und lokal sollten die Zutaten sein. Von Beginn an arbeitete die Familie mit kleinen Produzenten, Landwirten und Fischern von der Insel zusammen. Für Nachhaltigkeit und Qualität. Für die häufig wechselnden Gerichte sammeln Gislí und sein Team Wildkräuter und lesen Seetang auf. Was die Natur nicht hergibt, wird selbst angebaut. Vater Auðunn, seit 40 Jahren Seemann, versorgt das Slippurinn mit Fisch und Meeresfrüchten und hilft auch sonst im Restaurant, das übrigens nur von Mai bis September Saison hat.

Gísli, dessen Talent international Anerkennung findet, hat größten Respekt vor der Natur. Seine Menüs spielen mit traditioneller Zubereitung und Konservierung, etwa dem Fermentieren, reizen gleichzeitig die Möglichkeiten der modernen Küche aus. Slow Food. Jedes Gericht verheißt Leidenschaft und Glück am Gaumen!

● Slippurinn Eatery, Strandvegur 76, 900 Heimaey, Vestmannaeyjar
www.slippurinn.com

Drei Farben Blau

21 Die Eislagune Jökulsárlón

Rund um den Vatnajökull, den „Wassergletscher“ und Teil des gleichnamigen isländischen Nationalparks, haben sich in den vergangenen Jahrzehnten faszinierende Schmelzwasserseen gebildet: Jökulsárlón, Fjallsárlón, Heinabergslón und der geheime Hoffellslón sind die vier nicht immer leicht zugänglichen Seen. Lón ist isländisch für Lagune. Eine der eisigen Schönheiten hat einen Zugang zum Meer: Jökulsárlón. Mit 284 Metern ist er Islands tiefster See. Er wird vom Breiðamerjökull, dessen Zunge noch zu Beginn der 1930er-Jahre an den tiefschwarzen Lavastrand jenseits der Ringstraße leckte, gespeist. Heute liegen einige Hundert Meter zwischen Meeressaum und Lagune. Bis zur Gletscherzunge sind es beinahe 2 Kilometer. Salzwasser nagt beharrlich am Eis. Je nach Jahreszeit ist die Lagune locker oder dicht gepackt mit Treibeis, mit kleinen und großen Schollen, von denen einige durchaus Eisbergformat haben. An manchen Tagen treibt der Wind die Schollen über den See. Die bieten einen fantastischen Anblick, ändern Form und Farbe, sind Yves-Klein-blau oder reinweiß, monochrom oder marmoriert von den Spuren vergangener Vulkanausbrüche. Das eisige Schauspiel – im spiegelglatten Wasser so großartig reflektiert – lässt sich bestens vom Ufer aus beobachten. Gegen Norden flach, perfekt für einen ausgedehnten Spaziergang. Im Süden verspricht eine kleine Anhöhe die schönste Aussicht.

Ein Gefühl für die tatsächliche Größe des Sees, für die Farben und Strukturen des Eises, dafür, wie es unter wärmenden Sonnenstrahlen knirscht und bricht, bekommt, wer auf die Lagune hinausfährt. Im Amphibienfahrzeug, das zwischen den Eisschollen kreuzt. Oder im robusten Zodiac, das recht nah an die Gletscherbruchkante fährt. Selbst am eher kleinen Breiðamerjökull ist das typisch dumpfe Grollen des Eises zu hören. Das Knacken und Rollen der Massen, die sich in die Lagune schieben. Seehunde, die den Weg vom Meer in die Lagune gefunden haben, geben sich davon ganz unbeeindruckt und dösen auf dem treibenden Eis.

TIPP

Jenseits der Ringstraße liegt ein mit Eisskulpturen übersäter schwarzer Lavastrand. Unwirklich schön!

Jökulsárlón, Hringvegur N1, 781 Höfn í Hornafirði
www.icelagoon.is

Märchenhafte Moospolster

22

Am Lavafeld Eldrhaun

Es gibt kleine und große Glücksorte – und manche sind einfach riesig. Doch selbst für isländische Verhältnisse, wo Superlative beinahe zur Regel werden, sind die Ausmaße der Eldrhaun gewaltig. Die Eldrhaun ist ein altes Lavafeld. Im Süden Islands, zwischen Mýrdalsjökull und Vatnajökull, breitet sie sich in endlos grünen Wellen beiderseits der Ringstraße aus und bietet einen märchenhaften Anblick. Ihre moosbewachsenen Lavaschlacken wirken wie weiche Polster, doch unter der empfindlich dünnen Vegetation verbirgt sich messerscharfes Gestein. Was so friedlich und beglückend aussieht, ist eng verknüpft mit einem der größten und folgenreichsten Vulkanausbrüche der isländischen Geschichte: Als nämlich am Pfingstsonntag, am 8. Juni des Jahres 1783 die Vulkanspalte Eldgjá mit 1000 Meter hohen Lavasäulen ausbrach, war dies der Auftakt zu einem vulkanischen Winter. Bereits drei Tage später war durch die gewaltige Hitze der gesamte Fluss Skaftá verdunstet, giftige Gase vermischten sich mit Tröpfchen in den Wolken zu einem sauren Niederschlag, der in ganz Europa zu Ernteausfällen führte, die Sommer verkürzten sich und die nördliche Hemisphäre kühlte um durchschnittlich 1,5 Grad Celsius ab. Die Erde spuckte aus rund 130 Kratern, die heute als Laki-Krater bekannt sind.

TIPP

Im Lava Centre (www.lavacentre.is) von Hvolsvöllur alles über die Entstehung Islands erfahren.

Ein kleines Glück im Unglück: Unmittelbar vor der Kirche von Kirkjubæjarklaustur, wo gerade Pfarrer Jón Steingrímsson vor versammelter Gemeinde predigte, kam ein Lavastrom zum Stillstand. Jenem Jón Steingrímsson sind die detaillierten Aufzeichnungen zu verdanken, die den bis zum 7. Februar 1784 andauernden Ausbruch dokumentieren und Forschern auch heute noch als wichtige Quelle dienen.

Unter der ungeheuren Menge Lava, die sich über die Ebene ergoss und im Laufe zweier Jahrhunderte von Wind und Regen zur Eldrhaun – zu Deutsch Feuerlava – geschliffen wurde, verbirgt sich ein faszinierendes Lavahöhlensystem mit über 200 bekannten Höhlen und Tunneln, die Längen von 5 Kilometern erreichen.

● Parkplatz Eldrhaun an der Hringvegur N1, 880 Kirkjubæjarklaustur

Glück auf Zickzack-Kurs

23 An Islands schönster Schlucht Fjaðrárgljúfur

Die Fjaðrá ist ein schmächtiger Fluss. Mal schwillt sie an, mal ab, wie es sich für einen Wasserlauf im Wechsel der Jahreszeiten gehört. Wild und rauschend wird die Fjaðrá dabei nie und doch hat sie über Jahrtausende eine riesenhafte Schlucht gegraben. Eine der schönsten dazu: Fjaðrárgljúfur. Auf 2 Kilometern geht der Canyon im Süden Islands auf Zickzack-Kurs, ganz so, als sei die Erdkruste hier gewaltig aufgerissen. Mit bis zu 100 Metern tief ausgewaschenen Abgründen bietet sich ein derart magischer Anblick, dass man stundenlang verweilen möchte. Nur um zu schauen. Auf die organisch erodierten Felsen, die so üppig von Flechten und Moos bewachsen sind. Das Moos kriecht dabei weit über die Abbruchkanten und legt sich wie ein märchenhafter Teppich über die Landschaft. Gleich beim Parkplatz überspannt eine kleine Brücke die Fjaðrá. Sie ist der beste Platz fürs Gucken und Genießen. Von dort blickt man geradewegs in die Schlucht, während der Fluss durch sein Bett mäandert, um sich nur wenig später in der Ebene spielerisch aufzufächern. Wer mehr Ausblick und andere Perspektiven sucht, folgt dem Pfad – wegen der empfindlichen Vegetation auch bitte nicht davon abweichen – am östlichen Rand der Fjaðrárgljúfur. Besonders beglückend sind zwei Wasserfälle, die den Canyon unmerklich und doch beständig weiter formen. Am Mögárfoss gibt es eine Aussichtsplattform. Eine solide Gitterrosttreppe führt hinab zum kleinen Plateau, das waghalsig über den Abgrund hinausragt und eine großartige Sicht bietet: auf den Wasserfall und auf den Zusammenfluss von Mögá, Fjaðrá und einem von roter Erde intensiv gefärbten Bach. Als sei es so geplant, windet sich die Treppe synchron zum Flüsschen und fügt sich in der gleichen rostroten Farbe harmonisch ins landschaftliche Ensemble. Weiter flussaufwärts stürzt auch die Fjaðrá einmal in Kaskaden über die bemoosten Klippen.

Ein besonderes Erlebnis ist eine Wanderung durchs Flussbett. Sehr gut möglich bei Niedrigwasser. Nasse Füße gibt es trotzdem!

TIPP

Zum Schutz der Vegetation kann der Canyon teilweise abgesperrt werden. Aktuelles auf www.safetravel.is!

● Fjaðrárgljúfur, Parkplatz am Holtsvegur F206, 880 Kirkjubæjarklaustur

Sanfte Wikinger

24

Reiterferien in Islands Norden

Sie sind lebhaft, unerschrocken und wetterhart. Ihre kleine, drahtige Statur mit ungestutzter Mähne und Schweif verleiht ihnen einen verwegenen Ausdruck. Wer sie länger beobachtet, erkennt tatsächlich ein eigenwilliges, aber gutmütiges Naturell: das Islandpferd. Etwa 80.000 leben auf der Insel. Ihre Vorfahren kamen mit den ersten Siedlern aus Norwegen, einige auch von den britischen Inseln. Aus ihnen entwickelte sich durch die isolierte Lage im Laufe der Jahrhunderte eine eigene Rasse. Robust, genügsam und trittsicher im schwierigen Gelände ohne Wegenetz, wurden die Pferde bis etwa 1926 vor allem als Lasttiere benötigt. An diese Ära erinnert die Skulptur *Klyfjahestur* – Packpferd – von Sigurjón Ólafsson. Man findet sie am Laugavegur in Reykjavík. Schon immer wurden Islandpferde auch für die Fleischproduktion gezüchtet. Das ist auch heute noch so, gerade im grasreicheren Süden. Im Norden des Landes konzentrieren sich Züchter vermehrt auf Reittiere. Wer auf sich hält, misst das Können seiner Tiere auf dem zweijährlich stattfindenden Landsmót Hestamanna, dem Landestreffen der Pferdeleute. Dort werden körperliche Merkmale begutachtet. Vor allem der Bewegungsablauf der Pferde, die abweichend von anderen Rassen neben den Grundgangarten Schritt, Trab und Galopp auch den Tölt, mitunter sogar den Pass beherrschen. Der Tölt ist für den Reiter erschütterungsfrei. Im isländischen Gelände ein Geschenk! Wer die besondere Gangart ausprobieren oder ein erstes Mal das Glück auf dem Pferderücken erleben möchte, wird die Reitschule von Hlín Mainka Jóhannesdóttir in Hofsós schätzen. Ausritte in die Weiten des Nordens, Tölten lernen oder Zutrauen zu Pferden gewinnen. Hlín Mainka richtet sich mit ihren Programmen auch an ängstliche Reiter. Bei ihr kommen Gleichgesinnte zusammen, genießen gute Gespräche – übrigens auch auf Deutsch – beim gemeinsamen Essen, praktizieren Yoga. Doch an erster Stelle steht das Zusammensein mit den Pferden. Sie sorgen für außergewöhnliche Glücksmomente!

TIPP

Ende September am Laufskálarétt – Pferdeabtrieb aus dem Hochland – teilnehmen. Einzigartiges Erlebnis!

● Lynghorse, Austurgata 22, 565 Hofsós, www.yogihorse.com

Poesie in Eisblau

25 Die Holzkirche in Seyðisfjörður

Für gewöhnlich ziehen Menschen um. Nicht die Häuser, in denen sie wohnen. Und erst recht keine Kirchen. Anders in Seyðisfjörður, der 700-Seelen-Gemeinde am gleichnamigen Fjord. Bereits dreimal wurde die hübsche, heute eisblau gestrichene Seyðisfjarðarkirkja an einen anderen Ort verlegt: Zuerst vom Hof Dvergasteinn an die gegenüberliegende Fjordseite. Das war 1882. Vielleicht war die Hügellage mit Blick aufs Vestdalseyri einfach zu exponiert, denn bereits 1894 stürzte das Gotteshaus vom Sturm gerüttelt um, wurde im Tal erneut aufgebaut und fand 1920 schließlich seinen Standort im Herzen von Seyðisfjörður. Zur Jahrhundertwende war die Stadt am Fjord mit 841 Einwohnern die größte im Osten Islands. Der Norweger Otto Wathne hatte die Heringsfischerei forciert, Seyðisfjörður erlebt wirtschaftlichen Aufschwung und wird zur ersten voll elektrifizierten Gemeinde Islands. Bis 1930 steigt die Zahl der Einwohner auf 936. Seitdem herrscht Landflucht. Besucher hingegen strömen aufs Land: Dank seiner atemberaubenden Lage, den bunt gestrichenen Holzhäusern und einer vielseitigen Gastronomie ist Seyðisfjörður außergewöhnlich beliebt. Und seit die Norðurgata, die geradewegs zur Bláa Kirkjan – zur blauen Kirche – führt, alljährlich in Regenbogenfarben bemalt wird, ist das heitere Ensemble aus Gasse und Gotteshaus zum wohl meistfotografierten Spot der Region avanciert.

Die fotogene und vielgereiste Kirche ist vor allem jedoch ein lebendiger Veranstaltungsort: mit Musik und Gesang von isländischen und internationalen Künstlern. Wie bei einem Kammerkonzert ist dann die Atmosphäre in der kleinen, schlicht-schönen Kirche. Man sitzt unterm Tonnengewölbe, besonders Glückliche auf dem Balkon, und lässt sich von der Musik berauschen. 2006 hatten Sigur Rós, die heute zu den bekanntesten isländischen Bands gehören, einen Auftritt vor der Bláa Kirkjan, um mit ihren melancholisch-rockigen Klängen einen ganz eigenen Akzent zu setzen. Wie ein musikalischer Spiegel der Farben im Fjord.

TIPP

Das benachbarte Aldan serviert beste isländische Küche im historischen Ambiente. Mit Hotel.

● Seyðisfjarðarkirkja, Bjólfsgata 10, 710 Seyðisfjörður

Augenblick des Glücks

26

Poetische Street-Art von Guido van Helten

Reykjavík ist voller Häuser, die schon bessere Zeiten gesehen haben. Das Wetter ist gnadenlos. Feuchtigkeit und Frost nagen an Fassaden, am Putz, an den Fensterrahmen. Wer es sich leisten kann, stellt sich gegen die Zerstörungswut der Elemente und hübscht auf. Einer, der das Aufhübschen zu seiner Sache erklärt hat, ist der Australier Guido van Helten. In New South Wales hat er Visual Art studiert. Heute ist die Straße sein Atelier, Fassaden seine Leinwand. Verwitterte Oberflächen und bröckelnden Putz liebt er, trägt doch die Textur zum künstlerischen Ausdruck bei. Während van Helten früher illegal Wände bemalte, fragt er heute freundlich nach. Es geht ihm nicht länger um Rebellion, es geht um subtile Botschaften. In ausdrucksvollen, fotorealistischen Murals. Damit trägt Guido van Helten Kunst in die Öffentlichkeit. Dorthin, wo sie jedermann sieht. Und wo sie jedem ein Lächeln ins Gesicht zeichnen kann.

Das Westend von Reykjavík ist eines der spröden Viertel der Stadt. Wo sich Seljavegur und Vesturgata treffen, blickt ein alter Mann von einer Häuserwand herab. Er hat früher einmal in diesem Haus gelebt. Er hat es sogar gebaut. Jetzt wohnt seine Enkelin hier. Guido van Helten hatte das Graffiti-verschmierte Gebäude auf der Suche nach einer neuen Leinwand entdeckt und kurzerhand angeklopft. Die Besitzerin war sofort fasziniert von den Arbeiten, die er ihr zeigte – sprechende, beinahe poetische Porträts –, und der Idee eines monumentalen Murals an ihrem Haus. Sie bat van Helten, ihren Großvater zu malen. Nach einem alten Familienfoto. Das linke Augenlid hängt etwas, der Mund ist leicht geöffnet, die Lippen eingefallen. Aber das Gesicht ist vital und der alte Mann lächelt. Wer nah herantritt, sieht, dass Risse im Putz gespachtelt wurden, dass die Wand uneben ist und dass gerade die Unregelmäßigkeiten dem Gesicht eine besondere Tiefe verleihen. Ein Porträt, das eigentümlich berührt. Ein Gefühl, das sich zu einem Augenblick des Glücks verdichtet.

TIPP

Mehr Street-Art von Guido van Helten gibt es in Akureyri und auf der Insel Heimaey.

● Street-Art, Kreuzung Seljavegur/Vesturgata, 101 Reykjavík

Gesalzen und gepökelt

27 Dem Hering nachspüren in Siglufjörður

Schön bunt ist es in Siglufjörður. Hoch im Norden Islands liegt die kleine Stadt wie ein heiterer Farbklecks im Fjord. Heiter ist auch das Ambiente rund ums Hafenbecken, wo herausgeputzte Holzhäuser adrett in der ersten Reihe stehen. Frisch und freundlich mit ihren weiß gerahmten Fenstern und den lustigen Holzskulpturen wie die zweier Herren auf einer Bank vorm knallgelben Fischrestaurant Hannes Boy.
Zum Ensemble der hübschen Häuserfront gehört auch das The Herring Era Museum. Vielfach ausgezeichnet, Stolz der Stadt und tatsächlich ein echtes Schmuckstück. Im Grunde sind es fünf Gebäude, die in unterschiedlichen Ausstellungen die Ära der isländischen Heringsfischerei nachzeichnen. Das „Silber des Meeres" – so wurde der Hering genannt – bescherte Siglufjörður ab 1900 wirtschaftlichen Aufschwung. Waren zuerst Norweger, die sich zeitweise in den Küstenstädten niedergelassen hatten, noch tonangebend im Geschäft, lagen die erfolgreichsten Heringsfabriken und Salzstationen bald ganz in isländischer Hand.
Jedes Museumsgebäude ist einem eigenen Thema gewidmet, dokumentiert liebevoll in Originalen, in Film und Fotografie. Im dreiteiligen Bootshaus liegt eine ganze Flotte unterschiedlicher Fangboote vor Anker: an nachgebauten Kais voller praller Heringsfässer, die scheinbar auf ihre Verschiffung warten. Nebenan, in der alten Siederei mit den Riesenlettern am kunterbunten Giebel, erfahren Besucher alles über die Herstellung von Fischöl und Fischmehl. Gleich dahinter leuchtet falunrot das Roaldsbrakki, ein norwegisches Holzhaus von 1907 und einstige Salzstation. In deren Arbeitshalle und den Stuben im ersten Stock, wo die „Heringsmädchen" – die Arbeiterinnen – lebten, sieht es so aus, als wären alle erst vor 5 Minuten gegangen.
Jeden Sommer kehren die „Heringsmädchen" zurück: Auf den Stegen vor der Salzstation zeigen Frauen von heute dann die Fertigkeiten von gestern. Im Takt der Musik bewegen sie ihre Arme. Und die Zuschauer wippen schon bald mit ihren Füßen!

TIPP

Auf einen heißen Kakao und hausgemachte Pralinen mit Suchtpotenzial ins Café Frida, Túngata 40 a.

● The Herring Era Museum, Snorragata 10, 580 Siglufjörður, Tel. +354 4 67 16 04
www.sild.is

In der Glücksbucht

28 Die Eggin í Gleðivík von Djúpivogur

Es soll eines der schönsten Dörfer Islands sein, ganz gewiss aber steht dort eines der schönsten Häuser: das Langabúð. Mit seinem leuchtend roten Anstrich, weißen Fensterrahmen und schwarzem Dach nimmt das 1790 gebaute Lagerhaus Besucher gleich für sich ein. Wer nach Djúpivogur kommt, steckt hier zumindest einmal den Kopf durch die Tür. Und bleibt vielleicht, wenn ihm der Duft von Fischsuppe und warmem Brot in die Nase steigt. Das Langabúð ist heute Besucherzentrum, Museum, Café des gerade einmal 400 Bewohner zählenden Dorfs in den Ostfjorden. Dessen Geschichte ist eng verwoben mit der deutschen, denn es waren Kaufleute der Hanse, denen hier 1589 als Erste Handelsrecht gewährt wurde.

500 Jahre später wird in Djúpivogur höchstens noch mit Fisch gehandelt. Ein anziehender Ort für Reisende ist es jedoch noch immer. Vor allem im Juni und August, wenn sich Legionen von Zugvögeln lärmend zum Nisten in der Glücksbucht – nichts anderes heißt Djúpivogur – einfinden. Exkursionen mit lokalen Vogelkundlern stehen dann hoch im Kurs.

TIPP

Im Sommer auf die unbewohnte Insel Papey übersetzen, um putzige Papageientaucher zu beobachten.

Als Hommage an das großartige Naturschauspiel, aber auch zur Aufwertung alter Industrieanlagen hat der isländische Künstler Sigurður Guðmundsson eine Skulptur aus überdimensionalen Graniteiern geschaffen. 34 Stück, die in Form und Farbe von grau, braun bis beige gesprenkelt ihren natürlichen Vorbildern gleichen. So groß, dass sie sich umarmen lassen. Auf ausrangierten Betonsockeln balancieren die Eier nun als willkommene Blickfänger am Fjord. Kleine Plaketten nennen die isländischen und lateinischen Namen der Vögel, die man vielleicht schon beim Birdwatching entdeckt hat. Ein einziges Ei tanzt aus der Reihe, ist deutlich größer und dem des heimischen Lómur, des Sterntauchers, nachempfunden. Vor der rauen Bergkulisse wirkt das 200 Meter lange Defilee aus schmeichelnd rundpoliertem Granit plötzlich gar nicht mehr so groß. Sigurður, er gehört zu den bekanntesten Kreativen des Landes, hat die Proportionen klug gewählt. Ein Ort für stille Glücksmomente!

● Eggin í Gleðivík, Víkurland, 765 Djúpivogur

So weit, so wild

29 An den Klippen von Arnarstapi

Im äußeren Westen von Snæfellsness, der Halbinsel, die sich so vorwitzig in den Nordatlantik schiebt, hat das Meer die Steilküste gewaltig ausgehöhlt, hat steinerne Bögen, Höhlen und geschützte Buchten geformt, die bis heute als sichere Landeplätze für Boote dienen. Etwa bei Arnarstapi, dem kleinen Fischerort, der mit einer eigenen Aussichtsplattform glänzt, die den besten Blick auf den zerklüfteten Küstenabschnitt verspricht. Unter blauem Himmel märchenhaft, bei Wind und Wolken dramatisch schön. Wie viele andere Küstenorte auch gehörte Arnarstapi einst zu den wichtigen Handelsplätzen Islands. Heute werden die wenigen Häuser vor allem als Sommerresidenz genutzt oder an Gäste vermietet. Viele gehören Saisonfischern, deren Tagesfang Besucher in den lokalen Restaurants Snjófell und Arnarbær – am Campingplatz – probieren können.

TIPP

Der 3 Kilometer lange Küstenwanderweg von Arnarstapi nach Hellnar bietet großartige Ausblicke.

Arnarstapi ist einer dieser Orte, die einladen, einmal nichts zu tun. Auf den Ozean hinausschauen, dabei Seevögel beobachten, die sich im halsbrecherischen Flug auf ihre Beute stürzen, genügt. Oder mit einem Feldstecher den Horizont nach Finnen und Fluken absuchen, denn zwischen April und Oktober tummeln sich in den Gewässern vor Snæfellsness verschiedene Walarten. Darunter Orcas, Pottwale und Delfine. Man braucht etwas Glück, um die Tiere in der blaugrauen Weite auszumachen. Keine Glückssache hingegen ist das großartige Schauspiel der See: mit Wellen, die an den Felsen zu meterhoher Gischt brechen oder als gewaltige Geysire aus offenen Höhlen schäumen. Jedes Mal reißen sie ein winziges Stückchen Land mit sich und modellieren die Küste neu. Ganz in der Nähe der Aussichtsplattform erinnert eine aus Stein geschichtete Skulptur an den sagenhaften Bárður Snæfellsás. Halb Mensch, halb Troll, gutmütig, manchmal aufbrausend wie das Meer, gilt Bárður heute als Beschützer der Region. Er soll unter dem schneebedeckten Vulkan Snæfellsjökull sitzen. Der schlummert seit 1800 Jahren. Und Bárður wohl mit ihm.

● Aussichtspunkt, Arnarstapavegur, 355 Arnarstapi
www.arnarstapicenter.is

Wisperwind

30 Klangskulptur in Seyðisfjörður

Viele Straßen gibt es in Seyðisfjörður nicht: Das sind etwa der Vesturund der Austurvegur, die je nach Westen und Osten weisen, oder die Ránargata, die sich mitten durch die Stadt und weiter am Fjord entlang schlängelt, während am gegenüberliegenden Ufer die Hafnargata – Hafenstraße – stadtauswärts führt. Wer ihr folgt, erreicht bald ein fotogenes altes Boot. Es ist die „Audbjorg", die schon lange nicht mehr aufs Meer hinausfährt. Heute dient sie als verlässliche Wegmarke, denn vis-à-vis beginnt ein versteckter Pfad, der sich den Hang hinaufwindet. Ein Pfad zur Kunst.

In soliden Wanderschuhen schafft man die Strecke hinauf zum Grasplateau in einer guten Viertelstunde. Dort ist die Sicht auf den Fjord großartig. Und dort steht auch Tvísöngur, ein begehbares Ensemble aus fünf Betonkuppeln, je zwischen 2 und 4 Metern hoch und im Inneren miteinander verbunden. Eine Klangskulptur des deutschen Künstlers Lukas Kühne. Tvísöngur heißt Zwiegesang und ist eine Hommage an isländisches Kulturerbe. Der Zwiegesang ist eine besondere Gesangsform, die auf einer Fünf-Ton-Harmonie beruht. Jede Kuppel entspricht einem der fünf Töne, jede Kuppel hat ihre eigene Resonanz. Hier dürfen Besucher experimentieren: unter den Kuppeln singen, sich dabei von einer zur nächsten bewegen, erleben, wie die Klangkörper aus Beton schwingen, wie sie die Töne verstärken. Ein außergewöhnliches akustisches Erlebnis, eines, das wechselweise Gänsehaut und Heiterkeit erzeugt. Denn wer singt noch aus vollem Halse in freier Natur? Wer sich nicht traut, wartet auf den Wind. Auch der kann durch die Öffnungen in die Kuppeln fahren und sie in Schwingung versetzen. Wispert mal leise, mal laut.

Weil volkstümliche isländische Zwiegesänge nur mündlich überliefert sind, soll Tvísöngur, das Kühne in Zusammenarbeit mit dem lokalen Skaftell Visual Art Center realisiert hat, die Erinnerung an die alte mehrstimmige Gesangsform lebendig halten. Wer sie zum Schwingen gebracht hat, wird das wohl niemals vergessen!

TIPP

In der Nähe erinnert Guðjón Ketilssons Skulptur Hvernig gengur …? an die Anfänge der Telefonie in Island.

● Tvísöngur, 710 Seyðisfjörður, ab Hafnargata 47 dem Pfad etwa 15–20 Minuten bergan folgen

Nordischer Genuss

31 Lakritzwalhalla an der Tankstelle

Während sich hierzulande die Geister an Lakritz scheiden, sind die Isländer (beinahe) ausnahmslos verrückt nach ihrem *Lakkrís*. Der „Bärendreck“, für den man in Europa tatsächlich so etwas wie einen Popularitätsäquator definieren kann, hat in Island Kultstatus. Als Soße wird er großzügig unter traditionellen Skyr gerührt oder kommt klebrig aufs Eis, das Isländer übrigens auch im Winter gern auf die Hand nehmen. Bezeichnend für den unkonventionellen nordischen Genuss. Mit einem Hauch Menthol und deutlicher Salmiaknote gibt es Lakritz als Drops zum Lutschen und die heißen dann „Opal“. Ein echt isländischer Klassiker. Scharf und rau wie das Land und inzwischen auch als Likör im Angebot. Der ist jedoch nur für starke Geschmacksnerven zu empfehlen.

TIPP

Viele Tankstellen servieren auch die typische Kjötsúpa aus Kartoffeln, Kohl, Möhren, Rüben und Lamm.

Und dann gibt es da noch „Draumur“. Große Glückseligkeit aus weichem Lakritz mit Vollmilchschokolade. *Draumur* – man ahnt es – ist das isländische Wort für Traum. Klingt etwas kitschig, ist aber trotzdem passend für den langen Riegel zum Abbeißen. Genüsslich lutschen, das geht natürlich auch. Zuerst schmilzt dann die schokoladige Hülle. Ganz wie in Kindertagen, als man mit der Zungenspitze Karamell-Riesen so lange von einer Backe in die andere schob, bis man die ganze Schokolade abgeschleckt hatte. „Draumur“ verheißt Naschen mit Nostalgiefaktor.

Das Beste: Auf der so dünn besiedelten Insel im Nordatlantik, wo man oft gute 50 Kilometer bis zum nächsten Supermarkt fahren muss, gibt es den Traum aus Schoko und Lakritz an jeder Tankstelle. Gleich bei der Kasse liegen die Riegel, zwischen Schneeketten und Thermounterwäsche. Dreierlei, das auf Islands Straßen unentbehrlich scheint. Selbstverständlich gibt es auch andere verwegene Lakritzkombis, etwa mit Schaumzucker oder Karamell. Die meisten Kreationen stammen von Freyja, der ältesten Bonbonfabrik Islands. 1918 wurde das Familienunternehmen aus Kópavogur schon gegründet, seit 1984 macht „Draumur“ Kunden glücklich.

● Draumur, an jeder Tankstelle entlang der Ringstraße und innerhalb der Ortschaften in ganz Island, www.freyja.is

Berauscht vom Glück

32 Am Wasserfall Skógafoss

Es ist ein Glücksort, an dem kein Weg vorbeiführt, denn auf der Reise entlang Islands Südküste liegt der Skógafoss gleich an der Ringstraße. Übersehen kann ihn also niemand, den Wasserfall, der wie ein eleganter Schleier über die Klippe fällt. Ganze 60 Meter tief, über 25 Meter breit. Ein Brausen aus Wasser und Gischt, in deren Tropfen die Sonne Regenbogenfarben malt. Weil die Skógá, der namengebende Fluss, sich in ihrem furiosen Finale in ein flaches, ausgedehntes Bett stürzt, können Besucher sogar ganz nah heran. Wasserscheue halten lieber Abstand: Es wird nass!

Hinter dem schäumenden Schleier liegt eine kleine Höhle und darin – so will es die Legende – ein Goldschatz verborgen. Schon im *Landnámabók*, dem Buch über die Besiedlung Islands aus dem 13. Jahrhundert, wird die Geschichte von Þrasi Þórólfsson erzählt, dem ersten Siedler Skógars. Þrasi besaß übernatürliche Kräfte und versteckte jenen Schatz, den schon bald ein junger Mann fand. Vom sagenhaften Gold blieb jedoch nur ein reich verzierter Ring. Nach Stationen in den Kirchen von Skógar und Eyvindarhóla findet er nun viel Beachtung im lokalen Museum Skógasafn. Skógasafn liegt nur ein Viertelstündchen Fußweg vom Wasserfall entfernt. Zum Komplex dort gehören ein altes Schulgebäude sowie die neue Kirche von Skógar mit leuchtend roter Tür und schönen Einrichtungsstücken anderer, längst vergangener Gotteshäuser. Ferner ein Haus, das 1878 vollständig aus Treibholz erbaut wurde, und eine Reihe malerischer Grassodenhäuser mit Räumen aus der Zeit zwischen 1830 und 1950. Alles unbedingt einen Abstecher wert!

TIPP

Ab hier auf dem Laugavegur (52 Kilometer) über die Þórsmörk zu den Thermalquellen von Landmannalaugar wandern.

Neben Þrasis Schatz birgt der Skógafoss noch andere Geheimnisse: So führt eine steile Stiege an die Wasserfallkante, wo sich Seevögel wagemutig in die Gischt stürzen. Ein wenig abseits lässt sich in den moosbewachsenen Felsen die Kontur eines Trollgesichts ausmachen. Und wer dem Flusslauf auf einer Wanderung folgt – etwa 8 Kilometer sind ausgewiesen – wird viele weitere berauschende Wasserfälle entdecken.

● Skógafoss, Hringvegur N1, 861 Hvolsvöllur/Skógar

Bitte Platz nehmen!

33 Kunst am Wegesrand im Austurland

Auf 1322 Kilometern führt die Ringstraße, die in Island Hringvegur oder N1 heißt, einmal um die ganze Insel. Ausgenommen die Westfjorde, die einfach zu zerfranst, zu abgelegen oder zu lange unter den Schneemassen der tiefen Winter begraben sind.
Alles begann Anfang der 1930er-Jahre, als Island den Ausbau asphaltierter Straßen zwischen den größeren Ortschaften vorantrieb. Zuerst ausgehend von Reykjavík nach Norden in Richtung Akureyri und nach Südosten gen Selfoss. Es sollte aber bis zum 14. Juli 1974 dauern, bevor das letzte Teilstück der heute für ihre Panoramen berühmten Straße geschlossen werden konnte. Zwischenzeitlich wurden Straßenabschnitte geändert und umgeleitet, Brücken, die von gewaltigen Gletscherläufen mitgerissen worden waren, neu errichtet. Mal verkürzten die Baumaßnahmen die Ringstraße, mal gewann sie ein paar Kilometer hinzu.
Wer die Insel komfortabel erkunden möchte, folgt der N1. Da geht man auf Nummer sicher, passiert zahlreiche der eindrucksvollsten Naturwunder Islands. Und dann auch wieder endloses Nichts. Doch gerade dieses Nichts bietet unglaublich viel Schönheit. Manchmal braucht es nur eine einladende Bank, damit Reisende innehalten, um das scheinbar Unscheinbare näher ins Auge zu fassen. Zwischen Höfn und Djúpivogur gibt es so eine Bank, vielmehr einen Stuhl: XL, knallrot und auf einem Felsen verankert. Wer auf ihm Platz nimmt und fürs Foto posiert, findet sich vor der schönsten Kulisse wieder. Im Hintergrund das Brunnhorn mit seinen drei markanten Zacken – auch bekannt als „Batman Mountain" –, im Westen der Ozean. Glücksort! Eine Hinweistafel mit Infos zum Stuhl, seinem Urheber und Zweck sucht man vergebens.
Doch Solla Sveinbjörns, Leiterin der Bergsteigerschule im nahen Höfn, weiß mehr: Ein Landwirt aus der Nähe habe ihn aufgestellt, damit Vorbeifahrende hier innehalten. Im Winter hole er den Stuhl in die Scheune und verpasse ihm einen neuen Anstrich. Wie schön, dass das Glück manchmal am Wegesrand liegt. Und sogar eine Farbe hat!

TIPP

Jenseits der Ringstraße liegt der malerische Skútafoss. In 5 bis 10 Minuten zu Fuß erreichbar.

● Der rote Stuhl, Hringvegur N1 (20 Kilometer nördlich von Höfn), Austurland

Der See im See

34 An den schwimmenden Pools vom Urriðavatn

Warmes Wasser direkt aus dem Boden? Wie wunderbar! Geothermische Aktivität sorgt in fast ganz Island für beheizte Stuben und heißes Badewasser im Überfluss. Manchmal müffelt es leicht schwefelig, im Vergleich zu den enormen energetischen Vorteilen wiegt das aber nicht sonderlich schwer. Vielerorts treten natürliche heiße Quellen sogar an der Oberfläche aus und bieten reichlich Gelegenheit für bestes Badevergnügen auch im Freien.

Verglichen mit dem Rest des Landes gibt es im Osten Islands nur wenige heiße Quellen. Einige liegen unweit von Egilsstaðir im Urriða-See – oder Urriðavatn –, um den sich eine Legende rankt: Ein mystisches Wesen namens Tuska soll dort im Winter seinen Weg aus der Unterwelt in die irdische gefunden haben. Über die eisfreien Stellen im See. Niemand bekam Tuska je zu Gesicht, die Eislöcher jedoch schätzten Frauen vor Ort fürs Wäschewaschen. Das ist längst Vergangenheit, die 75 Grad heißen Quellen existieren aber noch immer. Heute wärmen sie die schwimmenden Pools und andere Wasserbecken an der kleinen Badeanstalt Vök, die an die Legende der Tuska erinnert: Vök heißt eisfreie Stelle. Es ist eine besondere Wellness-Oase, gestaltet im Einklang mit der Natur und der traditionellen isländischen Badekultur. Hier schwimmt und schwebt man in den warmen Infinity-Pools mit Blick auf den See und dessen hügelige Ufer, geht saunieren oder genießt Kräutertee. Die Kräuter für die Tees werden in der Umgebung gesammelt und mit Seewasser aufgebrüht, dem einzigen trinkbaren Geothermalwasser in Island. Nachhaltigkeit gehört zum Konzept von Vök. Dessen Architektur ist nordisch schlicht, das Hauptgebäude in der Tradition alter isländischer Grassodenhäuser begrünt. Es verschmilzt mit der Landschaft. Das Holz der Terrassen und Laufstege zwischen den Pools stammt aus nachhaltiger Forstwirtschaft im Osten Islands. Regional ist auch das Angebot im Café und so oft wie möglich bio. Ein Bad in Vök ist viel mehr als nur das: Es ist ein ganzheitliches Glückserlebnis!

TIPP

Das Heritage Museum (www.minjasafn.is) im nahen Egilsstaðir informiert über die Rentiere der Region.

● Vök Baths, Urriðavatn, Hróarstunguvegur, 701 Egilsstaðir, Tel. +354 4 70 95 00
www.vokbaths.is

Berauschender Basalt

35

Der Svartifoss im Naturschutzgebiet Skaftafell

Mitunter muss man seine Waden kräftig massieren und die Wanderschuhe schnüren, um dem nächsten Glücksort ganz nah zu kommen. Umso schöner, wenn der Weg dorthin dann genauso berauschend ist wie das Ziel. Einer dieser wunderschönen Orte, die nur zu Fuß erreichbar sind, ist der Svartifoss, der „schwarze Wasserfall" im Naturschutzgebiet Skaftafell. Die Wanderung ist leicht, beginnt am Besucherzentrum Skaftafellsstofa – dort kann man sich vorab gut über die Umgebung, die nahen Gletscher und ihre Entstehung informieren –, führt über einen etwa 5 Kilometer langen Rundweg zum Wasserfall und wieder zurück.

In großzügigen Kehren schwingt sich der markierte Pfad zunächst einmal entspannt bergauf. Zwischen Büschen und niedrigen Bäumen hindurch, bald über eine kleine Brücke und einen gurgelnden Bach. Sich am Ufer schnell bücken, um eine Handvoll Wasser zu schöpfen, lohnt: Es ist eiskalt und wie überall in Island trinkbar. Gletscherwasser. Der Pfad geht in Holzstufen über, die eigens angelegt wurden, um die empfindliche Vegetation zu schützen. Typisch Island: wirksamer Naturschutz, ohne den Besucher auszusperren. Vor allem an regenreichen Tagen – derer gibt es bekanntlich viele in Island – werden die Stufen auch zu sehr willkommenen Tritthilfen im morastigen Untergrund. Bald schiebt sich ein kleiner Wasserfall ins Blickfeld. Es ist der Hundafoss. Eine gute Viertelstunde später ist das eigentliche Ziel erreicht: Vis-à-vis rauscht der Stórilækur, der „große Bach", über die ikonische Felskante. Wer schon Reykjavík und dort die Hallgrímskirkja besucht hat, fühlt sich erinnert: Säulenbasalt, der sich hier im Halbrund auffächert und zur schwarzen Bühne für den weiß schäumenden Svartifoss wird, diente als Vorlage für die Kirchenarchitektur. Stufen führen vom Aussichtspunkt hinunter ans Flussbett. Dort bieten ein paar größere Steine eine tolle Sitzgelegenheit. Einfach dasitzen und sich berauschen lassen. Glücklich, wer Proviant dabeihat: am wohl schönsten Platz für eine Vesper!

TIPP

Das Besucherzentrum bietet geführte Wanderungen über die nahen Gletscherzungen des Vatnajökull an.

● Besucherzentrum Skaftafellsstofa, Skaftafellsvegur, 785 Öræfi

Höllisch heiß

36

Im Hochtemperaturgebiet von Hverir

Wer über die Ringstraße in Richtung Egilsstaðir fährt, überquert bei Mývatn den 410 Meter hohen Námaskarð, dessen Name – zusammengesetzt aus náma für Mine und skarð für Pass – an eine frühere Bestimmung erinnert: Bis ins 19. Jahrhundert wurde dort am Berg Schwefel abgebaut und über das nahe Húsavík verschifft. Flüchtig, aber unverkennbar steigt einem schon der Geruch in die Nase. Nur einen Augenblick später schlängelt sich die Straße hinunter in eine unwirtliche Ebene und der Geruch verdichtet sich zu einem penetranten Gestank. Die Farben der Landschaft hingegen verweben sich zu einem Kaleidoskop aus Blau und Grau, Grün, Rot und Ocker, vor allem Schwefelgelb. Es dampft aus Ritzen, Furchen und Kratern. Und es ist ein Bild wie aus einer anderen Welt und Zeit. Kein anderes Hochtemperaturgebiet in Island ist derart bunt und hitzig wie Hverir.

Ein kleiner Abzweig führt zu einem winzigen Parkplatz und mitten in die höllisch heiße Landschaft. Über ausgewiesene Pfade und eigens angelegte Bohlenwege spaziert man zwischen Fumarolen, Solfataren und Kratern hindurch. Erstgenannte sind die „Ventile" vulkanischer Aktivität im Untergrund: Hier tritt Wasserdampf aus, der Temperaturen von mehreren 100 Grad erreichen kann. Im Dampf sind Gase enthalten und Minerale gelöst, die sich in der Nähe in den unterschiedlichsten Farbvariationen ablagern. Ist der Dampf besonders schwefelhaltig, nennt man die Austrittstellen Solfatare. Am Geruch kann man beide bestens unterscheiden! Besonders interessant – aber auch tückisch, darum genügend Abstand halten – sind die Schlammtöpfe, jene Krater mit den hochgewölbten, rissigen Rändern, in denen die Erde – oder präziser: das durch die aggressiven Gase aufgelöste Gestein – kocht. Eine zähe, hellgraue Masse, die fortwährend Blasen wirft. Wie ein Pudding in einem Kochtopf. Ein fesselndes Schauspiel! Hverir verändert sein Aussehen, ist beinahe ebenso flüchtig wie die Dämpfe, die zischend aus der Erde entweichen. Auch das macht den Ort so faszinierend.

TIPP

Die Dämpfe können sehr beißend sein. Das Tragen eines dünnen Tuchs vor Mund und Nase ist hilfreich!

● Hverir, Hringvegur N1 (westlich vom See Mývatn), 660 Reykjahlíð

Himmelsleuchten

37 Nordlichter in Island

Sie faszinieren und sind dabei so unglaublich kapriziös. Wann sie ihren Auftritt haben, ob sie sich überhaupt zeigen, bleibt bis zuletzt ungewiss: Nordlichter, Polarlichter oder wissenschaftlich Aurora Borealis. Ein Phänomen, das unter die Haut geht, den Puls beschleunigt und ganz sicher glücklich macht. In den Polarregionen tritt das Himmelsleuchten hauptsächlich von September bis Anfang April auf.

Je nach Intensität lassen sich Nordlichter mit bloßem Auge beobachten, wenn sie in einer magischen Sinfonie aus Grün, seltener anderen Farben, explodieren. Oft zeigen sie sich hingegen nur als weiß über den Himmel tanzende Schleier, mehr Ahnung als Gewissheit. Es ist eben Glückssache. Und das macht die nächtliche „Jagd" auf Aurora Borealis umso aufregender. Spezielle Apps und der isländische Wetterdienst Veðurstofu Íslands bieten zuverlässige Aurora-Vorhersagen. Sie zeigen auch grob an, wo eine Sichtung wahrscheinlich ist. Gute Chancen bieten immer Orte fernab künstlicher Lichtquellen. Kulissen wie schneegepuderte Gipfel, spiegelnde Lagunen oder der Sólheimasandur, wo seit 1973 ein Flugzeugwrack so theatralisch in der Weite des Geröllfelds liegt, bereiten Fotografen dann die Bühne für spektakuläre Bilder. Geduld darf man dennoch mitbringen. Warme Kleidung ebenso.

TIPP

Nachts mit Profis entspannt auf Aurora-Jagd gehen. Offizielle Infos: www.inspiredbyiceland.com

Wie Aurora Borealis überhaupt entsteht, lässt sich etwas unwissenschaftlich so erklären: Bei Eruptionen auf der fernen Sonnenoberfläche werden elektrisch geladene Partikel als Sonnenwind ins All geschleudert. Die von einem Magnetfeld umgebenen Teilchen wandern beim Aufprall auf das Magnetfeld der Erde entlang der Feldlinien in Richtung der Pole und dringen in die oberste Schicht der Erdatmosphäre ein. Dort prallen sie auf Gasmoleküle wie Sauerstoff oder Stickstoff. Ihre Bewegungsenergie wird dabei in Licht, die Aurora, umgewandelt. Kollidieren die Partikel mit Sauerstoff, leuchten sie grün, kollidieren sie mit Stickstoff, leuchten sie rot oder blau. Ganz selten sogar in weiteren Farben des Regenbogens. Magisch!

● Nordlichter beobachten mit Glück am Papafjörður, Hringvegur N1, 780 Hornafjörður

Zu Hause bei Halldór

38 Das Museum Gljúfrasteinn in Mosfellsbær

Wenn man den Großraum Reykjavík verlässt und dann auch Mosfellsbær passiert hat, liegt Gljúfrasteinn gleich linkerhand an der Straße Richtung Þingvellir. Die Gegend heißt Mosfellsdalur. Ein Tal, das nur beim Blick auf die Karte als solches erkennbar ist. Saftiger, grüner. Vielleicht ist das auch nur Einbildung, immerhin ein schöner Gedanke. Gljúfrasteinn ist ein kubischer Bau, funktional, gletscherweiß. Ein Beispiel für sachliche Architektur, die sich so anziehend in die ungeschliffene isländische Landschaftskulisse fügt. Der Architekt Ágúst Pálsson - von ihm stammt auch die großartige Neskirkja in Reykjavík - entwarf das Gebäude für den Schriftsteller Halldór Laxness. Manchen mag der Name ein Begriff sein, vielen vermutlich nicht. Denn Laxness' Generation lebte, als Island noch nicht so recht ins Bewusstsein der modernen Welt gerückt war. Zu fern, zu fremd.

1902 kam er als Halldór Guðjónsson zur Welt. Seinen Nachnamen änderte er nach dem Hof Laxness, auf dem er aufgewachsen war. Schon als Kind schrieb er furios. Während die Mutter frühe Manuskripte verbrannt haben soll, finanzierte der Vater den Druck seines ersten Buchs. Laxness ist neugierig auf die „normalen" Menschen, verwebt ihre Geschichten in seinen Romanen. Mal mitfühlend, mal ironisch. Mehr als 60 Bücher schreibt er in 96 Jahren Lebenszeit. Alle mit kritischem Unterton, alle in einem völlig neuen, eigenständigen Stil. Eine Weile liebäugelt er mit dem Kommunismus. 1955 erhält er den Nobelpreis für Literatur.

Heute ist Laxness' Zuhause ein Museum. Die Räume sind weitgehend unverändert. In den Sommermonaten werden sie zur Bühne für Konzerte. Dem Schriftsteller würde das wohl gefallen, gibt es doch in seinen Werken immer wieder Parallelen zur Musik. Er liebte die Kompositionen von Bach. Und er liebte zeitgenössische Malerei. Darum füllen Werke viel beachteter isländischer, dänischer und norwegischer Künstler die Wände von Gljúfrasteinn mit heiteren Farben. Doppelter Kunstgenuss für Besucher!

● Gljúfrasteinn, Þingvallavegur/Jónstóttarvegur, 270 Mosfellsbær,
Tel. +354 5 86 80 66, www.gljufrasteinn.is

Von Engeln und Elfen

39 An der Strandarkirkja in Engilsvík

An Land ist sie hübsch anzusehen und für Seefahrer war die Strandarkirkja in Islands Süden lange ein wichtiger Wegweiser: zuzeiten da an der zerklüfteten, hafenlosen Küste die Angst vor Schiffbruch mitsegelte. So will es die Legende, dass im 12. Jahrhundert ein Schiff in den Schären in Seenot geriet und Seemänner zwischen Wahn und Wellen Stoßgebete gen Himmel sandten. Sie schworen, eine Kirche zu bauen, wenn sie nur sicher an Land kämen. Ein Lichtengel erschien am Bug, geleitete das Schiff durch die Brandung und sicher in die nächste Bucht. Benannt nach dem Ereignis heißt der Ort heute Engilsvík – Engelsbucht. Dort lösten die Geretteten auch ihr Versprechen ein und bauten eine Kirche aus Holz. Seitdem sollen sich an der Strandarkirkja weitere Wunder ereignet haben.

TIPP

Einen Abstecher zum nahen, knallgelben Leuchtturm Selvogsviti unternehmen: ein tolles Fotomotiv!

Die heutige Kirche stammt aus dem Jahr 1888. Das ist über dem Eingang zu lesen. Sie ist hellgrau gestrichen, hat ein Türmchen über dem Giebel und weiße Fenster mit zierlichen Bögen als bescheidenen Schmuck. Auf Zehenspitzen stehend, erhascht man durch die Scheiben einen Blick auf den winzigen Innenraum: auf das Altarbild, die gewölbte Decke in Himmelblau und die Orgel im Holzgehäuse mit filigranen Schnitzereien. Geöffnet wird zum Gottesdienst. Für das Dutzend versprengter Bewohner der Gemeinde Selvogur wird er nur noch unregelmäßig abgehalten.

Wer kurz vor Sonnenuntergang zur Strandarkirkja kommt, erlebt sie im goldenen Licht. Das hat etwas Magisches. Und vielleicht hat es auch mit dem kleinen Volk zu tun: mit Elfen, Feen und Trollen. In der Böschung hinter der Kirche findet man eine ihrer Behausungen. Sechs Häuschen mit rotem Giebel und Grassoden auf dem Dach. Sehen kann man das kleine Volk nicht. Das Glück haben nur diejenigen, die fest daran glauben, und in Island ist man mit derlei Aussagen vorsichtig. Ja, man kennt da jemanden, der jemanden kennt, der schon einmal einen Elf gesehen hat. Die Vorstellung ist auf jeden Fall schön. Und die Häuschen sind ja auch da. Gleich bei der Strandarkirkja.

Strandarkirkja, Selovogur, 815 Þorlákshöfn

1888
STRANDARKIRKJA

Schönste Aussichten

40 An der Kirche von Vík í Mýrdal

Island ist voller schöner Aussichten. Da fällt es leicht, gleich ein paar Dutzend zu nennen. Zum Beispiel im winzigen Vík, der südlichsten Ortschaft auf dem isländischen Festland, die zugleich mit den höchsten Temperaturen kokettiert. Leider auch mit den meisten Regentagen, doch das ist eine andere Geschichte.

Vík í Mýrdal, nicht mehr als ein paar Straßenzüge, die von schlicht funktionalen Häusern gesäumt werden, liegt am Fuß der Katla, einem der aktivsten Vulkane Islands. Katla räuspert sich regelmäßig unter dem Eis des Mýrdalsjökull. Doch der letzte größere Ausbruch liegt schon etwas zurück: 1918 war das. Der Sage nach war Katla ein bösartiges Weib, das jeden in Angst und Schrecken versetzte. Dank Zauberkräften und Wunderhosen schnell wie der Wind und nimmermüde. Nun hockt sie unter dem Vulkan. Seismische Aktivitäten halten ihre Geschichte höchst lebendig.

Auf einem der Hügel landeinwärts steht die kleine Gemeindekirche. Dank exponierter Lage, weißem Anstrich und rotem Dach per se schon ein Hingucker. Der Pastor erzählt, eine lokale Künstlerin, die heute in New York lebe, habe die Kirchenfenster gestaltet. Einen Blick ins Innere zu werfen, lohnt bei aller protestantischer Schlichtheit unbedingt. Richtig glücklich werden Besucher beim Blick hinunter aufs Meer: auf den schwarzen Strand, für den Vík so berühmt ist, und die Felsnadeln Reynisdrangar, die in der Ferne von der Brandung umspült werden. Jetzt darf auch das schlechte Wetter ins Spiel kommen. Denn tief hängende Wolken und Regenschleier verleihen der Landschaft das Quäntchen Drama, das Fotografen an Island so fasziniert.

Hinter der Kirche führt ein kleiner Pfad weiter bergan. Im Sommer blühen hier Lupinen. Die Aussicht ist nun noch großartiger. An klaren Tagen zeichnen sich die Silhouetten der Vestmannaeyjar gegen den Horizont ab. Sich ins Gras setzen und träumen. Wer ein Picknick dabeihat, kann so den ganzen Tag verbringen. Und presst vielleicht sein Ohr an den Boden, um Katla zu lauschen.

● Vikurkirkja, Sunnubraut 7, 870 Vík í Mýrdal

Baden bei Minusgraden

41

Das Geothermalbad Seljavallalaug im Süden

Isländer nehmen Körperhygiene ernst. Sehr ernst sogar. Ausländische Besucher stellen es spätestens dann fest, wenn sie eines der rund 170 meist geothermisch beheizten Freibäder der Insel besuchen. Denn bevor man ins Wasser steigt, macht man sich nackt. Seift sich dann in der Gemeinschaftsdusche gründlich von Kopf bis Fuß ein und plaudert dabei vielleicht mit der Duschnachbarin, die sich durchaus als Mitglied des isländischen Parlaments entpuppen kann. Standesunterscheide gibt es hier nicht. Schnell in die Badesachen schlüpfen und hinein ins warme Wasser. Wunderbar! Weil sich mancher Tourist geniert oder die isländische Schwimmbad-Etikette nicht kennt, gibt es vielerorts Tafeln, die unmissverständlich zum Duschen auffordern. Mit stilisierten Figuren, an denen die besonders gründlich zu reinigenden Körperstellen feuerrot markiert sind. Die Bademeister haben ein Auge aufs Prozedere und schicken Hygienesünder zurück ins Seifenbad.

In den beheizten Becken macht Baden im Freien auch bei Minusgraden glücklich. Wenn dann das weit über 30 Grad heiße Wasser dampfend aufsteigt, wenn sogar Schnee liegt, wird es zum allergrößten Vergnügen. Der perfekte Ort dafür, noch dazu einer mit Geschichte, ist das alte Seljavallalaug am Fuß des Eyjafjallajökull. *Laug* ist isländisch für Schwimmbad. Es ist nur zu Fuß erreichbar. In etwa 20 bis 30 Minuten ab Parkplatz unweit der Ringstraße. Ein schmaler Trampelpfad, der einem wilden Flusslauf durch sein felsiges Bett folgt, führt ans versteckt in einer Schlucht liegende Becken. 28 Meter lang, 10 Meter breit. Etwas schmucklos und ganz ohne Dusche. Die gab es im Baujahr 1923 noch nicht. Damals wurden hier Kinder im Schwimmen unterrichtet. Denn schwimmen zu können, war selbst in einer Nation von Seefahrern und Fischern keine Selbstverständlichkeit.

Im Sommer bilden sich oft Algen im Pool und das Wasser schimmert dann smaragdgrün. Im Winter ist es eisblau. Wer empfindlich ist, verzichtet aufs Baden und begnügt sich mit dem schönen Anblick.

TIPP

Im Winter eine Hütte mit Hot Tub mieten und vielleicht beim nächtlichen Baden Nordlichter beobachten.

● Seljavallalaug, Seljavellir, 861 Hvolsvöllur, ab Ringstraße zwischen Seljalandsfoss und Skógafoss auf die 242 abbiegen, dann dem Seljavellir bis zum Parkplatz folgen

Himmelsleiter

42

... zum Saxhóll-Krater auf Snæfellsnes

So mir nichts, dir nichts auf einen Vulkankrater klettern: ein Traum! Recht einfach ist es tatsächlich am Sáxholl, dem postkartenschönen Schlackenkegel am Fuß des Snæfellsjökull. Dort führt eine komfortable Treppe bis auf den Gipfel. Was für Wanderwütige und Naturschützer merkwürdig klingt, macht durchaus Sinn. Und birgt Ästhetik.

Denn die Hänge des Saxhóll bestehen ausschließlich aus locker geschichtetem, pyroklastischem Material, das sich nach einer Eruption vor etwa 3000 bis 4000 Jahren hier abgelagert hat. Solche Schlackenkegel haben typischerweise eine perfekt konische Form und erreichen nur geringe Höhen. Der Saxhóll bildet keine Ausnahme und ist gerade einmal 109 Meter hoch.

Am Fuß des Kegels ist eine kleine Parkfläche eingerichtet. Dort beginnt auch die schlichte Treppe, die sich in einem weiten Boden über den Kraterhang zieht. Mit ihren rostroten Gitterstufen fügt sie sich perfekt ins Form- und Farbspiel der Landschaft aus schroffen Lavafeldern mit grünen und gelben Flecken von Flechten und Moos. Eine Leiter, die scheinbar bis in den Himmel reicht. Am Kraterrand ist jedoch Schluss. Der Blick ist, wie zu erwarten, großartig: im Westen und Norden erahnt man den Atlantik, im Süden glitzern die Schneehänge des Snæfellsjökull. Gleich nebenan ein weiterer Krater, von Wind und Regen erodiert und offensichtlich älter als Saxhóll. Ein erhabenes Gefühl, auch wenn der Gipfel des Glücks gewissermaßen nur hügelhoch liegt. Eine Metallscheibe – halb Sonnenuhr, halb Kompass – zeigt die Koordinaten des Kraters an, die vier Himmelrichtungen, wichtige Landmarken, die von hier oben zu erkennen sind, und ihre Entfernung. Auch die Zeiten des Sonnendurchlaufs sind markiert.

Der Krater selbst ist aufgefüllt, hier sind die Sedimente dichter. Ein Hauch von Grün zeigt, dass es durchaus Vegetation gibt. Wer sich genauer umsieht, entdeckt zwischen dem Geröll wenige Pflanzen mit fleischigen Blättern. Kleine Überlebenskünstler und hübsch-heitere Farbtupfer. Herzerwärmend.

TIPP

Ein weiterer Krater auf Snæfellsnes mit etwas schwierigerem Aufstieg ist der 100 Kilometer entfernte Eldborg.

● Saxhóll, Útnesvegur S574, 360 Hellissandur

Glück in Kaskaden

43 Der Wasserfall Dynjandi in den Westfjorden

Die isländischen Westfjorde verlangen ihren Besuchern einiges ab. Während die Sommer kurz und kapriziös sind, dringt man im Winter erst gar nicht bis in die entlegene, dünn besiedelte Region vor. Mal sind die Straßen asphaltiert, mal gibt es lediglich eine Schotterpiste. Wege sind grundsätzlich lang, denn sie folgen der zerklüfteten Kontur der Küste. Es ist ein einsames, sperriges Fleckchen Erde: und dabei ganz unbeschreiblich schön!

Einer der Orte, für den es sich unbedingt lohnt, einige extra Kilometer und noch mehr Serpentinen auf sich zu nehmen, ist der Wasserfall Dynjandi am Arnarfjördur. Er ist über einen Abzweig vom Vestfjarðavegur, eine der wenigen Straßen in den Westfjorden, erreichbar. Ab Parkplatz heißt es wandern, doch nur für kurze 1,5 Kilometer. Die Steigung hingegen massiert die Waden gewaltig. Auf einem schmalen Pfad, der hier Mitte der 1990er-Jahre von Freiwilligen angelegt wurde, wird die Wanderung zum Defilee mit umgekehrten Rollen: Denn während des Aufstiegs passiert man gleich eine ganze Reihe hübschester Wasserfälle, die zu Tal rauschen und sogar eigene Namen tragen. Da wären zuerst der Bæjarfoss, der Hundafoss und der Hrísvaðsfoss. Am Göngumannafoss – dessen Name „der Schöne“ bedeutet – gibt es eine Aussichtsplattform. Mit ihrer kleinen Bank und den vielen Wildblumen, die ihr heiteres Bunt in die Landschaft tupfen, ist sie wohl einer der schönsten Picknickplätze, die man sich nur wünschen kann. Glücklich, wer eine Vesper im Rucksack hat. Als Letzte passiert man den Strompgljúfrafoss und den Hæstahjallafoss und steht schließlich am Fuß des gewaltigen Dynjandi. Über ungezählte Stufen springt er 100 Meter tief und fächert sich dabei zu einem bewegten Schleier auf. Berauschend schön. Und ohrenbetäubend laut. Selbst über große Entfernung ist das Dröhnen des Wassers noch zu hören. Seine Schwingungen spürt man im ganzen Körper. Ein kraftvoller Ort, wo das Glück in Kaskaden kommt.

TIPP

Oberhalb des Dynjandi liegen weitere Wasserfälle. Einer direkt an der S60 mit spektakulärer Aussicht!

● Dynjandi, Dynjandavegur T621 (ab Vestfjarðavegur S60) zwischen Þingeyri und Bildudalur, Westfjorde

Der Berg im Spiegel

44

Am Kirkjusandur bei Stokksness

Nördlich von Höfn wird die Ringstraße kurviger. Hier beginnen die Ostfjorde, hier windet sich die Lebensader der Insel in endlosen Schleifen um die ausgefranste Küste. Hier liegt auch die kleine Landzunge Stokksness. Exponiert, im Süden vom Meer umtost, das sich in mannshohen Schaumkronen an den Felsen bricht. Lange unterhielten die Amerikaner eine Radarstation auf dem schmalen Streifen Land, doch die meisten Militärgebäude sind inzwischen demontiert. Geblieben sind ein Leuchtturm und eine unwirklich schöne Landschaft.

Landeinwärts und geschützt vor der offenen See, breitet sich der grobsandige Kirkjusandur aus. Tiefschwarze Lava. Der Name erinnert an eine Kirche – *kirkja* –, die es hier einmal gegeben haben soll. *Sandur* heißt nichts anderes als Strand. Oder auch Wüste.

Am Kirkjusandur sind die Gezeiten nur wenig spürbar. Das Meer läuft in langen, flachen Wellen über den weiten Strand und zieht sich nur langsam zurück. Als wüsste es um seine Rolle. Denn für einen kurzen Moment bildet sich ein zentimeterhoher Wasserfilm. Und wird so zum perfekten Spiegel für eine Bergkulisse, die für derartige Phänomene wie geschaffen scheint: Über der Ebene erhebt sich der imposante Klifatindur. 889 Meter hoch und beinahe symmetrisch. Im Westen mit dem Gipfel Vestrahorn, weiter im Osten mit dem markant gezackten Brunnhorn. Wenn dann die Grenzen zwischen Himmel und Erde im Wasserspiegel verschmelzen, wirkt die Szenerie wie aus einer anderen Welt.

TIPP

Am Viking Café gibt es Wanderkarten für die Umgebung. Und Leckeres zum Aufwärmen! www.vikingcafe.is

Eine Wanderung über den Kirkjusandur ist beglückend, die Fläche scheinbar endlos. An ihren Rändern wölbt sie sich zu meterhohen, dünengleichen Hügeln. Plötzlich passt auch das Bild von der Wüste. Im Wechsel der Jahreszeiten wogt über alldem ein Meer aus gelben Gräsern oder violett blühenden Lupinen. Hier und da ragen Steine aus dem Sand. Ultraflach. Mürbe vom Meerwasser, von Sonnenhitze und Frost, sind sie irgendwann zerborsten. Einer erinnert an ein zersprungenes Herz.

● Kirkjusandur (Parken am Viking Café), Horni, 781 Höfn

Ledersofas und Lakritzsoße

45

Kult in Reykjavíks alter Keksfabrik

Kex heißt Keks und in Reykjavík ist es gleichzeitig ein Synonym für Kult. Denn an der Skúlagata, parallel zur Uferpromenade und mit Blick auf die graublau gekräuselte Bucht vorm meist schneebedeckten Rücken der Esja, liegt eine ehemalige Keksfabrik. Der Name ist geblieben, auch das ungeschliffen industrielle Interieur, doch statt Keksen gibt es hier heute „Good vibes" vom Fließband. KEX ist das angesagteste Hostel in Islands Hauptstadt. Und das nicht erst, seit die entspannte Mini-Metropole als Reisehotspot auf den Radar gerückt ist. KEX ist auch für Einheimische eine Institution. Man trifft sich auf ein Bier an der Bar – ein junges Vergnügen, war doch Bier bis 1989 in Island verboten! – oder lümmelt sich lässig in einem der alten Ledersofas in der Lounge, wo wandfüllende Regale reichlich Lesestoff bereithalten: Biografien mit Eselsohren neben verblichenen Seiten voller Poesie, isländische Sagas neben Reiseführern, deren Bindung am seidenen Faden hängt. Hier hat einfach alles Geschichte. Und zum Geschichtenerzählen kommen die Menschen auch her. Oder um Life Acts zu hören. Aufstrebende Bands, aber auch renommierte isländische Interpreten wie Mugison oder Of Monsters and Men. Im Winter gehört das KEX zu den festen Locations des legendären Musikfestivals Iceland Airwaves. Dann wird es etwas lauter hinter den dicken Mauern mit ihrem Schmuck aus alten Landkarten und neuen Fotocollagen.

Wer nicht im Hostel übernachten mag – wobei durchaus schicke Zweibettzimmer zur Verfügung stehen –, sollte sich dennoch das Frühstück in der alten Keksfabrik nicht entgehen lassen. Simpel und sehr gut. Mit Leckereien aus der Region. Das knusprige Brot wird selbst gebacken, auf die bunten Teller kommt nur, was organisch angebaut und frisch zubereitet wurde. Salami und Käse, leckere Marmeladen und traditioneller Skyr, eine Art Quark, der mit Früchten oder flüssiger Sahne und Zucker gelöffelt wird. Typisch isländisch ist auch die Kombi mit Lakritzsoße. Die macht aber wohl nicht jeden glücklich!

TIPP

Nach der Prohibition blüht die Bierbrauerei in Island. Unbedingt Crafts Beer von Einstök probieren!

KEX Hostel, Skúlagata 28, 101 Reykjavík, Tel. +354 5 61 60 60
www.kexhostel.is

Glück wächst grün

46 An der Hofskirkja bei Öræfi

Man mag sich die Augen reiben, blinzeln und noch einmal genauer hinschauen: Aber ja, hier duckt sich ein Häuschen unter einem dicken Teppich aus Gras, der bis auf den Boden reicht und mit der Umgebung verschmelzen will. Das Häuschen ist die Hofskirkja. Eine von nur sechs in Island erhaltenen Kirchen mit Grassodendach. Und die letzte, die um 1884 in dieser schönen, traditionellen Bauweise errichtet wurde. Noch heute finden hier Gottesdienste für die Menschen der umliegenden Gehöfte statt. Für Besucher sind die Türen jedoch meist verschlossen. Zu kostbar, zu empfindlich sind das winzige Kirchenschiff und der Chor, die komplett holzvertäfelt und in freundlichen Pastellfarben gestrichen sind. Doch auch ohne einen Blick ins Innere zu erhaschen, fühlt man sich an der kleinen Torfkirche wie verzaubert.

TIPP

Sich nach den Gottesdiensten erkundigen, teilnehmen und einen Blick aufs Kircheninnere erhaschen.

Es ist ein märchenhaftes Bild, wie sie sich tief in die Landschaft schmiegt. Wer um das Gebäude herumläuft, findet an dessen Rückseite üppig gerundete Graspolster. Gleich gurgelndem Grün scheinen sie aus der Erde heraus- und um die Kirche herumzuwachsen. Jede Grassode verbirgt ein altes Grab. Doch statt einem Gruseln verbreitet der Anblick ein herrlich wohliges Gefühl. Überhaupt strahlt der Ort eine schöne Stille und Gelassenheit aus.

Seit über 700 Jahren ist eine Kirche in Hof dokumentiert. Erstmals 1343. Geweiht wurde sie dem Heiligen Clemens, zu einer Zeit, da Island noch katholisch war. Aus der langen Kirchengeschichte sind einige ältere Artefakte erhalten. Darunter schlicht-schöne dänische Zinnleuchter aus dem 16. oder 17. Jahrhundert. Sie schmücken den Altar. Und jenseits der niedrigen Friedhofsmauer liegt noch ein grobes Steinbassin, das dem Schmied Þorsteinn Gissurarson zum Kühlen glühenden Eisens diente. Aus seiner Hand stammen das alte Türschloss, Scharniere und andere Metallarbeiten.

Hofskirkja, die schon früh mittels Wasserkraft der nahen Gebirgsbäche mit Elektrizität versorgt wurde, gehört heute zum Isländischen Nationalmuseum. Museal und trotzdem voller Leben.

● Hofskirkja, Hofsvegur, 785 Hof in Öræfi

Götterdämmerung

47 ... am Wasserfall Goðafoss

Er gehört zu den schönsten und den nahbarsten unter Islands Wasserfällen und liegt leicht erreichbar an der Ringstraße im Norden zwischen Akureyri und dem Mývatn. Anhalten, in wenigen Schritten ans Westufer laufen, sich einen Platz zum Hinsetzen suchen und zusehen, wie die Wassermassen in eleganten Schleiern über die Fallkante strömen. Weiß schäumend, aber schon im 11 Meter tiefer liegenden Becken von einem unwirklichen Türkisblau. Der Skjálfandafljót – der „bebende Fluss“ –, der über den Goðafoss stürzt, scheint zu leuchten. Glücksgefühl stellt sich hier von allein ein!

Man kann einfach dasitzen, die Wassermassen beobachten und das beinahe perfekte Halbrund der Fallkante bewundern. Sie gleicht einem Amphitheater mit dem Skjálfandafljót als Hauptdarsteller. Der reibt sich an gewaltigen Basaltfelsen auf, die aus dem Flussbett ragen und sein Wasser in neue Bahnen zwingen. An den Steilkanten des Wasserfalls tritt der Basalt in den typisch achteckigen Säulen und fantastischen Mustern an die Oberfläche. Er gehört zum gewaltigen Lavastrom Frambruni, der vor etwa 8000 Jahren entstanden ist und als kalter Strom über 100 Kilometer aus dem Hochland Richtung Küste „fließt“. Goðafoss liegt an seinem Rand.

TIPP

Bei gutem Wetter bis zum Sonnenuntergang bleiben und Farbexplosionen am Himmel genießen.

Zweifelsohne ist der Blick vom Westufer großartig. Das Ostufer hingegen bietet noch mehr Nähe zu den Elementen. Jenseits der Brücke über die Ringstraße führt ein Pfad hinunter auf Flusshöhe, wo das Donnern des Wassers vollkommen ist. Myriaden von Wassertropfen regnen herab. Die Sonne lässt sie bunt aufblitzen. Und es gibt hier einen zweiten Wasserfall: den Geitafoss. Er ist schmal und wild und hüpft nur über eine einzige Kaskade.

Goðafoss – der Fall der Götter – ist nach einem Ereignis um das Jahr 1000 benannt: Als sich Island zum Christentum bekannte, soll der Gode Þorgeir Ljósvetningagoði Þorkelsson hier Götzenbilder in den Fluss geworfen haben.

● Goðafoss, Hringvegur N1, 645 Fossholl

Signalrot überm Fjord

48

Am Leuchtturm von Súgandisey

Es ist nicht das Tor zur Welt, wohl aber das Tor zu den Westfjorden: Stykkishólmur. Heimathafen der Fähre „Baldur“, die zwischen der Halbinsel Snæfellsnes, der winzigen Insel Flatey und Brjánslækur im entlegenen Westen pendelt. Heimathafen auch für eine kleine Flotte, die den Breiðafjörður, den breiten Fjord, vor allem nach Schellfisch und Krabben durchkreuzt. An windstillen Tagen spiegeln sich die bunten Boote hübsch im Hafenbecken. Das liegt besonders geschützt hinter der Insel Súgandisey. Eine natürliche Barriere mit imposanten Basaltsäulen am östlichen Kliff. Die begünstigte Lage nutzten schon früh deutsche Kaufleute, vornehmlich aus Bremen und Oldenburg, und gründeten hier 1550 einen Handelsplatz. Heute sind Insel und Festland durch eine Straße miteinander verbunden.

TIPP

Fangfrischen Fisch serviert das Sjávarpakkhúsið am Hafen (www.sjavarpakkhusid.is). Uriges Ambiente!

Vom Hafenkai führt ein steiler Pfad – teils über Stufen – hoch aufs Inselplateau und zum Leuchtturm, der seit 1948 für sicheres Geleit sorgt. Mit nur 3,5 Metern Höhe nimmt er sich eher wie eine lustige Laterne aus, wirft sein Licht aber gute 6 Seemeilen weit hinaus auf den Fjord. Dort liegen unzählige Schären, manche mit roten Holzhäusern. An guten Tagen kann man die Küste der Westfjorde ausmachen. Immerhin 40 Kilometer sind es bis dorthin. Beim Blick landeinwärts fällt sofort eine kurvige Straße auf: Sie führt zur Fischfabrik, die unschwer an dichten Dampfschwaden zu erkennen ist. Und an den Legionen von Möwen, die auf fette Beute hoffen. Noch markanter ist die neue Kirche von Stykkishólmur: ein futuristischer, weißer Betonbau. Unbedingt einen Abstecher wert!

Das Schönste am Leuchtturm ist vielleicht seine signalrote Farbe, die wohl Schicht für Schicht einfach auf die alte gepinselt wurde. Dicke, eingetrocknete Tropfen erzählen eine heitere Geschichte davon. Ganz in der Nähe lockt eine Bank mit Aussicht. Vielleicht folgt man auch dem Fußpfad zum Kliff mit seinen Säulen aus Basalt. Deren Großartigkeit erschließt sich jedoch am besten vom Hafen aus. Hier oben beglückt der Blick in die Weite!

● Leuchtturm auf Súgandisey, Sæbraut, 340 Stykkishólmur

Unter sanften Riesen

49

Zur Walbeobachtung in der Bucht von Húsavík

Etwa 86 Walarten sind weltweit bekannt. Faszinierende Lebewesen, sozial, sanft, stark. Da sind die kleinen, scheuen Schweinswale, die imposanten Orcas mit ihrer unverwechselbaren Zeichnung oder die akrobatischen Buckelwale. Auch das größte Lebewesen der Erde ist ein Wal: der Blauwal. Wale bevölkern alle großen Ozeane. Während einige Arten nur in eng begrenzten Regionen leben, wandern andere zwischen ihren Paarungsgebieten in tropischen Gewässern und ihren Nahrungsgründen in den kälteren, planktonreichen Meeren der nördlichen oder südlichen Breitengrade. Dabei legen die Meeressäuger enorme Distanzen zurück.

In isländischen Gewässern tummeln sich rund 23 Walarten. Vor allem in den Monaten April bis November. Dann finden sie in den flachen Fjorden des Nordens, wo ein besonderes Zusammenspiel kalter und warmer Meeresströmungen für eine Vielfalt an Krill und Fisch sorgt, reiche Nahrung. Dort gibt es auch gute Gelegenheit, die Meeressäuger aus nächster Nähe zu beobachten. Etwa im kleinen Húsavík an der Skjálfandi-Bucht, die mit ihrer gebirgigen, unbewohnten Westseite eine beeindruckende Kulisse bietet. Einer, der zur Walbeobachtung aufs Meer fährt, ist Stefán Guðmundsson von Gentle Giants. Im Hafenbecken schaukelt seine Flotte. Dass die Holzboote alten Fischerbooten gleichen, ist kein Zufall: Stefán entstammt einer alteingesessenen Familie, die traditionell vom Fischfang lebte. Statt Fanggründe spüren Gentle Giants nun Mink- und Buckelwale auf, flinke Weißschnauzendelfine, die im Bugwasser fliegen, und gelegentlich sogar den majestätischen Blauwal. Zu den Crew-Mitgliedern gehören Meeresbiologen, Studenten und Doktoranden. Während sie Daten für ihre Forschung sammeln, teilen sie spannendes Wissen mit Gästen: Was der Unterschied zwischen Barten- und Zahnwalen ist, dass manche Walarten zwei Blaslöcher haben oder dass die Fluke eines Wals so einzigartig ist wie der Fingerabdruck eines Menschen. Dann taucht ein Buckelwal ab, seine Fluke peitscht aufs Wasser. Gänsehautmoment!

TIPP

Walbeobachtungstouren starten auch ab Reykjavík oder Snæfellsnes, wo die Chancen auf Orcas gut sind.

● Gentle Giants, Harbour Side, 640 Húsavík
www.gentlegiants.is

Fliegen ohne Flügel

50

Unterwegs auf dem Sólheimasandur

Ein Sander – oder *sandur,* wie die Isländer sagen – ist eine weite Schotterfläche. Ziemlich unspektakulär eigentlich. Öde wäre auch passend. Doch in der Ödnis, im Meer aus Stein, liegt auch eine Schönheit. Vor allem in der wohltuenden Leere ist sie zu suchen. Dort, wo nichts ist, das Aufmerksamkeit verlangt und den Kopf bemüht. Nur die Beine, wenn man die Ebene erwandert. Und das ist unglaublich schön.

Einer dieser Sander liegt an der Südküste Islands zwischen Skógar und dem Kap Dyrhólaey. Es ist der Sólheimasandur, benannt nach der nahen Gletscherzunge, die sich hier in die Ebene schiebt. Feinkieselig und tiefschwarz reicht er bis an den Nordatlantik. Und er birgt ein Geheimnis, dem nachzuspüren lohnt. Dafür darf man seine Wanderschuhe allerdings gut festschnüren. Denn vom kleinen Parkplatz an der Ringstraße bis zum geheimen Star im Sólheimasandur geht man mehrere Kilometer.

Tief im Sander, wo die anbrandende See schon ans Ohr dringt, liegt ein Flugzeugwrack. Mit dem Haufen Metall, dem die Elemente sichtbar zugesetzt haben, ist eine dramatische Geschichte verknüpft. Eine mit Happy End.

Am 24. November 1973 ist das Wetter im Süden Islands schlecht. Die Wolken hängen tief, ein Sturm peitscht die See unbarmherzig und wirft meterhohe Wellen an Land. Grau in Grau die Landschaft, Himmel und Ozean werden eins und auch der Sólheimasandur hebt sich farblich kaum noch ab. Für die Besatzung eines US-Militärflugzeugs auf dem Weg nach Osten nervenaufreibend. Der Funkkontakt zur Basis ist längst abgebrochen, die Tanknadel hängt am unteren Anschlag. Bald wird es Nacht. Der Pilot setzt zur Notlandung an. So oder ähnlich muss es sich abgespielt haben. Flug und Datum sind historisch, ob der Tank aber tatsächlich leer war, wird heiß diskutiert. Die Besatzung überlebt. Das Wrack bleibt zurück. Heute liegt es da wie eine Skulptur, die auf kunstsinnige Besucher wartet. Wer nachts kommt, um Nordlichter tanzen zu sehen, spürt mehr als nur einen Hauch von Magie.

TIPP

Auf der nahen Farm Sólheimahjáleiga (www.solheimahjaleiga.is) übernachten und nachts Nordlichter jagen.

● Sólheimasandur, Parkplatz an der Hringvegur N1, 871 Vík

Im geheimen Garten

51

Das Einar Jónsson Museum

Mitten in Reykjavík gibt es einen Garten voller Kunst, der nahezu unbekannt ist. Dabei versteckt er sich nicht, wird vielmehr von einer niedrigen Mauer und Hecken hübsch gerahmt. Seine Pforten stehen einladend offen. Tag und Nacht. Doch im Schatten der Hallgrímskirkja, die an der gegenüberliegenden Straßenseite alle Blicke auf sich zieht, wird der Skulpturengarten am Einar Jónsson Museum leicht übersehen. Die kleine Oase ist aber unbedingt einen Besuch wert. Nicht nur für Liebhaber monumentaler Bronzeplastiken, wie sie Einar Jónsson geschaffen hat. Hier finden auch Flaneure in der Stadt für einen Moment Ruhe, hier bieten die schlicht-schönen Bänke einen Platz zum Lesen oder für ein Gespräch. Etwa mit einem der Künstler, die es zum Skizzieren in den Garten zieht. Motive finden sie in den Skulpturen oder dem ganz nach Jónssons Vorstellungen gestalteten Museumsbau reichlich. Übrigens war das Einar Jónsson Museum 1923 das erste Kunstmuseum Islands. Bilder aus den frühen Jahren zeigen es einsam auf dem Hügel Skolavördurhaed. Selbst die Hallgrímskirkja existierte damals noch nicht.

TIPP

Bei einem einstündigen Spaziergang durch Reykjavík noch mehr Jónsson-Kunst erleben. Info: www.lej.is

Einar Jónsson, der in Kopenhagen Bildhauerei studierte und Studienreisen durch Deutschland, Italien und die USA unternahm, ließ sich stark von isländischer Folklore beeinflussen. Seine auf den ersten Blick oft heroischen Skulpturen schöpfen detailreich aus dem Kanon der Mythologie, der Eddas und der Besiedlung Islands. Genaues Hinschauen lohnt. Und ist spannend, denn Jónssons figürliche Symbolik erschließt sich schnell. Etwas, das dem Künstler immer wichtig war. 26 seiner Werke sind im Skulpturengarten ausgestellt. Sie stehen auf schlichten Betonsockeln. Statt gewundener Pfade gibt es hier ein Netz aus geraden Wegen. Sie strukturieren, schaffen Ordnung. Überhaupt nehmen sich Natur und andere Elemente zugunsten der Kunst zurück. So entsteht eine schöne Balance.
Wer wissen möchte, wie Jónsson lebte und arbeitete, kann im Museum die Wohnung und das Atelier des Künstlers besichtigen.

● Einar Jónsson Museum, Hallgrímstorgi 3, 101 Reykjavík, Tel. +354 5 51 37 97
www.lej.is

Das Volk im Felsen

52 Am Álfaborg in Bakkagerði

Bakkagerði besteht aus einer Handvoll schlichter Häuser, die sich an den Fjord schmiegen, einem knallroten Torfhaus von 1899 – dem Freiluftmuseum Lindarbakki – und einer hübschen Holzkirche, deren schönster Schmuck ein Gemälde des bekannten Malers Jóhannes Sveinsson Kjarval ist: Es stellt die Bergpredigt dar und zeigt Jesus auf dem Felsen Álfaborg. Der erhebt sich gleich neben der Kirche, sattelförmig, nicht sehr hoch, nicht sehr spektakulär. Aber einladend genug, um dem Wanderpfad zum Gipfel in ausholenden Schritten zu folgen. Der Aufstieg ist einfach und wird mit einer herrlichen Aussicht auf den Borgarfjörður belohnt. Eine Tafel verweist auf die wichtigsten Landmarken, die hier, im äußeren Norden der Ostfjorde, sehenswert sind. Das Eigentliche bleibt dem Wanderer jedoch verborgen: das Huldufólk, das Volk der Elfen. Sie sollen hier leben. Mehr noch: Seit Urzeiten herrscht der Glaube, dass unter dem Fels die Residenz des isländischen Elfenkönigs liege. Vielleicht, vielleicht auch nicht, spürt man ja etwas von der Magie des mystischen Volks, das willkürlich sichtbar wird, meist aber unsichtbar bleibt. Am besten wirft man am Álfaborg also nicht mit Steinen um sich. Man könnte Elfen treffen. Auch von anderem Unfug sollte man an diesem Ort lieber absehen.

TIPP
Einen halbtägigen Workshop an der Elfenschule (www.theelfschool.com) in Reykjavík besuchen.

Die Gegend um Bakkagerði ist mit vielen weiteren mystischen Geschichten verbunden. Etwa der von Naddi. Das Ungeheuer – halb Mensch, halb Tier – soll in der Schlucht Naddagil zwischen Njarðvík und Borgarfjörður gehaust und Reisenden aufgelauert haben. Zum Schutz vor der Kreatur wurde 1306 an den steilen Geröllhängen ein Holzkreuz, das Naddakreuz, errichtet und seitdem immer wieder erneuert.

Manche der Geschichten, die sich um isländische Elfen und andere mystische Wesen ranken, sind gut für ein leichtes Gruseln. Andere sind überaus sympathisch. Wenn etwa die Medien berichten, dass beim geplanten Straßenbau die Wegführung geändert werden müsse, weil sie Elfengebiet streift. Zauberhaft!

● Álfaborg, Borgarfjarðarvegur S94, 720 Bakkagerði

Was die Erde hergibt

53 Lecker essen auf dem Biohof von Vallanes

Den Lagarfljót im Osten Islands umgibt eine besondere Fama: Er ist gewissermaßen das Pendant zum schottischen Loch Ness. Hier soll ein Seemonster hausen. Seit etwa 1345 sind Sichtungen des sogenannten Lagarfljótsormurinn dokumentiert. Ein wenig Mystik, ein wenig Magie. Vielleicht auch beflügelt vom Dichter und Pfarrer Stefán Ólafsson, der im 17. Jahrhundert auf Vallanes, dem Hof am Ufer des Lagarfljót lebte. Damals und bis ins Jahr 1975 hinein auch Pfarrhof.

Heute widmet man sich auf Vallanes ganz der ökologischen Landwirtschaft. Eygló Björk Ólafsdóttir und ihr Mann Eymundur Magnússon betreiben Móðir Jörð – Mutter Erde –, kultivieren isländische Gemüsesorten und ziehen Kräuter. Bekannt ist ihr Hof vor allem auch für die Pionierarbeit zur Wiedereinführung von Gerste auf Island. Das wertvolle Vollkorn ist Grundlage für viele Produkte, die auf Móðir Jörð hergestellt und in ganz Island vertrieben werden. Natürlich auch im eigenen Hofladen, wo außerdem frische und eingelegte Gemüse, Beeren und Marmeladen, Chutneys, Kräutermischungen, Tees und mehr aus eigener Herstellung erhältlich sind. Eine Kostprobe von Qualität und Geschmack bekommen Besucher im angeschlossenen Café: Auf der Karte stehen Frühstück und vegetarische, meist sogar vegane Mittagsgerichte. Alles „from farm to table", auch über die Schönwetterperiode hinaus. Denn empfindliche Pflanzen werden in den großen Gewächshäusern am Hof gezogen. Zwischen April und Oktober wird auf Móðir Jörð auch ein Bed & Breakfast betrieben: mit einer Wohnung und einem Häuschen im Wald. Der Wald gehört zum Erfolgsrezept für den lokalen Anbau der Gerste. Ein eigens aufgeforsteter Gürtel aus einer Million Bäumen schützt das Getreide im relativ milden Klima der Region zusätzlich.

Eygló, die eine der Gründerinnen der Slow-Food-Bewegung in Island ist, und Eymundur wurden für ihre Arbeit vielfach ausgezeichnet. Unter anderem mit dem Agrarpreis für die Aufforstung und dem Nordischen Umweltpreis. Hier verweilt man zu gern!

● Móðir Jörð, Vallanes, Jaðarsvegur, 701 Egilsstaðir, Tel. +354 4 71 17 47
www.modirjord.is

Kunst im Kühlhaus

54

Kultur im The Freezer Hostel am Breiðafjörður

Rund 150 Einwohner zählt das Fischerdorf Rif am westlichen Zipfel der Halbinsel Snæfellsnes. Bunte Boote schaukeln im winzigen Hafenbecken. In der Ferne sieht man die Schneekappe Snæfellsjökull. Die Legende will es, dass hier 1467 der wohlhabende Händler Björn Þorleifsson von den Engländern umgebracht wurde, woraufhin seine Frau Dutzende Normannen gefangen nahm und versklavte.

Heute schreibt man andere Geschichten in Rif. Sie handeln von Theater und Konzerten, von Straßenkunst und sogar von Yoga. „Co-Autor" ist Kári Viðarsson, der im benachbarten Hellissandur aufwuchs, in London, Estland und Dänemark studierte und irgendwann beschloss, westisländische Kultur neu zu beleben. Der perfekte Ort dafür: eine ehemalige Fischfabrik. Aus dem verlassenen Gebäude wurde The Freezer – das Kühlhaus. Komplett renoviert und eklektisch dekoriert, vereint The Freezer heute Hostel und Theater, Event-Location und Künstlerresidenz unter einem Dach. Ein pulsierender Treffpunkt für Reisende und Locals. Ein Ort, an dem man eine ganze Woche verweilen möchte!

Kári, der selbst Schauspieler und Entertainer ist, bringt Stücke auf die Bühne, die von der Geschichte und den Sagas des Westens inspiriert sind. Aufgeführt werden sie in englischer Sprache, sodass auch ausländische Besucher leicht folgen können. Im The Freezer werden sogar die Wände zur Bühne: Rund 20 großformatige Murals machen das ohnehin schon bunte Gebäude noch fröhlicher. Geschaffen wurden sie von den Artists in Residence. Viele haben auch am ebenfalls von Kári initiierten Projekt in dessen benachbarter Heimatstadt mitgewirkt: Seit 2018 sind dort mehr als 30 Murals entstanden. Das künstlerische Facelift hat dem kleinen Hellissandur den Titel „Isländische Hauptstadt der Street-Art" eingebracht. Von Rif sind es nur 3 Kilometer. Eingerahmt von großartiger Landschaftskulisse, die salzige Seeluft in der Nase, geht man die Strecke am liebsten zu Fuß.

TIPP

Wer Ruhe sucht, mietet eines der von Künstlern gestalteten Freezer-Apartments in Hellissandur.

● The Freezer Hostel, Hafnargata 16, 360 Rif, Tel. +354 8 33 82 00
www.thefreezerhostel.com

Fischer im Schafspelz

55

Im winzigen Fischereimuseum Ósvör

Im äußeren Westen des Ísafjarðardjúp liegt das Fischerdorf Bolungarvík. Gen Süden und Westen von den Gipfeln Traðarhyrna und Óshyrna begrenzt, im Osten schließt eine Bucht mit dem winzigen Fischereimuseum Ósvör an.
Seit der Landnahme Islands gehörte die Fischerei zur Lebensgrundlage der Bauern in den entlegenen Westfjorden. Dank reicher Fischgründe entstanden entlang der Küste bald gemeinschaftliche Fangstationen, Trockenhäuser und Salzhütten. Sie wurden saisonal betrieben. Die Männer verließen dann für einige Wochen oder Monate ihre Gehöfte und fuhren hinaus aufs Meer. In Ruderbooten, die sechs Fischer fassten und für ihre Größe erstaunlich seetüchtig waren. Vier Tage blieb man auf See. Ein typisches Beispiel für ein derartiges Ruderboot ist die „Ölver", Jahrgang 1941 und eines der Exponate im Museum. Sie liegt am felsigen Ufer. Dort ducken sich auch zwei Torfhäuser mit dichten, grünen Grasnarben in den Wind, während sich ein Trockenhaus hoch aufrichtet. Es ist leicht an den Schlitzen zu erkennen, durch die salzige Seeluft zirkulieren und an Holzgestellen aufgehängte Fischleibe konservieren konnte. Die Torfhäuser zeigen Gerätschaften, die über Jahrhunderte zum Fischen und zur Fischverarbeitung genutzt wurden. Von Mitte Juni bis Anfang August oder nach Vereinbarung finden hier unterhaltsame Führungen statt. Stilecht in Ölzeug aus Schafsleder gewandet, erzählt ein lokaler Guide dann von der Seefahrt und dem Leben der Menschen am Meer. Für die Herstellung des Ölzeugs aus Hose und Poncho werden übrigens sechs bis acht Schaffelle benötigt. Mit Öl eingerieben, wurde die Kleidung wasserfest, mit Tauen hielt man sie am Körper.
Menschen siedelten erst ab 1890 dauerhaft in Bolungarvík, wo man bis heute vom Fischfang lebt. Das Museum ist eine Hommage an die jahrhundertealte Tradition. Heute spiegelt das Ensemble authentisch den Alltag der Fischer in der Ära der einfachen Ruderboote. Auch ohne Führung ein zauberhafter Ort mit schönster Sicht aufs Meer.

TIPP

Übernachten im hübschen Einarshúsið (www.einarshusid.is) in Bolungarvík. Das Haus wurde 1902 erbaut.

● Ósvör, Djúpvegur, Við Óshlíðarveg, 415 Bolungarvík
www.osvor.is

Auf heißen Sohlen

56 ... den Vulkan Eldfell hinaufkraxeln

Manche schlafen über Jahrhunderte, andere rumoren ständig und wieder andere erscheinen mit einem Donnerschlag auf der Bildfläche: In Island gibt es Vulkane jeden Temperaments. Einer, der sich auf der Insel Heimaey ohne große Vorankündigung zu einem gewaltigen Kegel auftürmte, gut 2 Quadratkilometer Landfläche ans Eiland flickte und gleichzeitig die Hälfte der Stadt unter einer mächtigen Lavaschicht begrub, ist der Eldfell. Das war 1973.
Heute schläft der Vulkan, doch selbst ein halbes Jahrhundert nach seiner Geburt glüht es unter seiner Kruste. Wer an seinen Kraterrand kraxelt, kann das noch fühlen. Hier und da entweichen Dampfschwaden aus dem Gestein und erzählen ihre eigene Geschichte. Mit gut 200 Metern gehört der Eldfell zu den Zwergen unter den Vulkanen. Über den – zwar steilen – Hauptwanderweg ist der Gipfel darum bereits nach einer guten Viertelstunde erreicht. Und richtig kraxeln muss man natürlich auch nicht. Während die aschegrauen Hänge am Fuß des Eldfells nur blassgrün bewachsen sind, erwartet den Wanderer an dessen Kraterrand eine wahre Farbexplosion: Bizarre Lavaskulpturen in rostroter Gesteinslandschaft erinnern an Bilder vom Mars. Mit dem sanften Grün der Insel und dem bewegten Meerblau am Horizont wird das Rot zu einem eigentümlich schönen Farbspiel verwoben. Auch die Atmosphäre ist besonders. Man darf ruhig etwas länger verweilen, um alle Eindrücke festzuhalten.
Vom Gipfel des Eldfell scheint das Festland ganz nah. Da ist der Eyjafjallajökull, deutlich an seiner schneegepuderten Kappe auszumachen, während sich die Wasserfälle Seljalandsfoss und Skógafoss nur erahnen lassen. Tatsächlich nah sind Elliðaey, die drittgrößte der Vestmannaeyjar, und auch Bjarnarey. Beide Inseln liegen einsam im Meer. Und auf beiden gibt es nur ein einziges Haus: Lodges, für all diejenigen, die absolute Ruhe und Abgeschiedenheit suchen. Doch die spürt man hier oben auf dem jungen Vulkan auch. Ein herrliches Gefühl. Pures Glück!

TIPP
Auch auf den benachbarten, mit 227 Metern etwas höheren Helgafell führen mehrere Wanderwege.

● Eldfell, Parkplatz am Hauptwanderweg, Fellavegur, 900 Heimaey, Vestmannaeyjar

Murmeln statt Muscheln

57 Am schwarzen Lavastrand von Reynisfjara

Kilometerweit, dramatisch schön und ebenso wild windet sich der schwarze Lavastrand Reynisfjara zwischen Dyrhólaey im Osten und Vík í Mýrdal im Westen. Dort, an Islands südlichstem Saum, wirft sich der Ozean gewaltig gegen die Küste, schleift unablässig, mahlt, formt das Land. Zartes und Zerbrechliches hält dem nicht stand. Lediglich die Reynisdrangar, mächtige, dunkle Basaltformationen, die vor der Küste aus dem Meer ragen, trotzen der Willkür der Wellen. Der Legende nach wollten die Trolle Skessudrangur, Landdrangur und Langsamur hier ein Schiff an Land bringen. Sie wurden von der aufgehenden Sonne überrascht und versteinerten.

Am Reynisfjara geht man nicht barfuß spazieren, vielmehr in Wanderschuhen. Der feine Lavasplitt gibt knirschend nach. Fußspuren füllen sich bald mit schäumendem Meerwasser und werden schon wieder fortgespült. Statt Muscheln findet man schön geschliffene Basaltsteine. Es sind ovale Handschmeichler, manche rund wie Murmeln und in allen Größen. Hübsche Souvenirs, von denen unbedingt einige in die Tasche wandern dürfen. Zu nah ans Wasser sollte man sich beim Suchen und Finden nicht wagen: Denn hier rollen Wellen ebenso unerwartet wie hoch an Land und entwickeln einen gefährlichen Rücksog. Achtsamkeit ist in der isländischen Natur die größte Tugend.

TIPP

Von Vík führt ein Pfad auf den Reynisfjall zu einem großartigen Ausblick auf Reynisdrangar.

Wo der Reynisfjall – Namensgeber für den Strand und die steinernen Trolle – sich bis an den Ozean vorschiebt, erinnern Kaskaden aus sechseckigen Basaltsäulen an einen früheren Vulkanausbruch. Wer gelenkig ist, klettert 1 oder 2 Meter hinauf und lässt sich einfangen vom neuen Blick auf das schäumende Meer. Wenige Meter weiter öffnet sich der erkaltete Lavastrom zur Höhle Hálsanefshellir. Hier verlaufen die faszinierend regelmäßig geformten Basaltsäulen in unterschiedlichen Winkeln und zeichnen eigenwillige Muster an die Deckenhöhle. Formationen aus Säulenbasalt findet man in Island übrigens häufig in spektakulärer Umgebung: etwa am Svartifoss, an der Küste von Hofsós oder in der Stuðlagil-Schlucht.

Reynisfjara, Reynishverfisvegur, 871 Vík í Mýrdal

Himmelhoch in Fontänen

58

Die Geysire im Haukadalur

Ein Glücksort mit Temperament: das Haukadalur. Hier drängeln sich „explosive“ Springquellen und bunt schillernde Heißwasserbecken, blubbernde Schlammtöpfe und Fumarole, aus denen leicht faulige Dämpfe aufsteigen und in langen Schwaden über die Ebene ziehen. Das Geothermalgebiet gehört zu den beliebtesten Destinationen bei Islandreisenden. Und so hat man diesen besonderen Ort auch nie ganz für sich allein. Vielleicht bei Sonnenaufgang. Einen Versuch ist es unbedingt wert!

Die eigentlichen Stars im Haukadalur sind die Geysire, von denen der Strokkur in schönster Regelmäßigkeit ausbricht: alle 5 bis 10 Minuten. Mit Fontänen, die 10, gar 15 Meter in den Himmel greifen, nach längeren Pausen sogar noch höher. Beinahe ist man froh über die Menge der Zuschauer und das kollektive Staunen. Ein Gänsehautmoment. Der Namensgeber aller Geysire weltweit ist übrigens der benachbarte Stóri Geysir – Großer Geysir. Auf ihn ist jedoch wenig Verlass. Seine Blüte hatte er gegen Ende des 19. Jahrhunderts mit spektakulären, 60 Meter hohen Fontänen. Heute ist es Glückssache, einen seiner Ausbrüche zu erleben. Auch an den kleineren Springquellen Smiður und Litli Geysir – Kleiner Geysir – tut sich meist nichts.

TIPP

Das Haukadalur mit dem Þingvellir-Nationalpark und Gulfoss zur Golden-Circle-Tour verbinden.

Was bei einer Eruption passiert, hat der deutsche Physiker Robert Bunsen schon 1846 ergründet: dass sich nämlich im Geysirschacht eine Wassersäule bildet, deren hydrostatischer Druck das Wasser in der Tiefe langsam zum Sieden bringt. Wie in einem Kochtopf steigen dabei Dampfblasen auf, beginnen zu sprudeln, „kochen“ über: Der Geysir entlädt sich in einer schäumenden Fontäne aus Wasser und Dampf. Das Besondere am Strokkur ist die perfekte, türkis schillernde Blase, die sich vor jedem Ausbruch bildet. Man kann sehen, wie sie pulsiert. Wer sich endlich losreißen kann, steigt auf eine kleine Anhöhe für einen Blick von oben. Dort liegt auch die Quelle Blesi mit einem siedend heißen Wasserbecken und einem zweiten, das im Sonnenlicht milchig blau leuchtet. Beinahe hypnotisch.

Haukadalur, Biskupstugnabraut, 801 Selfoss

Die Säulen der Erde

59 An der Hallgrímskirkja in Reykjavík

Nähert man sich Reykjavík vom Flughafen aus, ist sie schon von Weitem sichtbar, und wer durch die Straßen der Hauptstadt flaniert, dem schiebt sich der gletscherweiße Bau immer wieder in die Blickachse: Reykjavíks Hallgrímskirkja ist monumental und präsent.
Ein Entwurf, der an die Zukunftsutopien von Metropolis denken lässt. Dass die Idee für den expressiven Bau tatsächlich aus den 1930er-Jahren stammt, erkennen wohl nur Experten. Er geht auf Guðjón Samúelsson zurück, der seinerzeit Staatsarchitekt war. Samúelsson habe sich stark von der isländischen Natur inspirieren lassen, heißt es, und ein Blick auf Islands größte Kirche – sie bietet 1200 Menschen Platz – unterstreicht die These: Der sich säulenartig auffächernde Kirchturm erinnert an die Basaltsäulen des Svartifoss oder diejenigen der Hálsanefshellir am Strand von Reynisfjara.
Die Kirche, mit deren Bau bereits 1945 begonnen, die jedoch erst 1986 eingeweiht wurde, ist Hallgrímur Pétursson gewidmet. Evangelisch-lutherischer Pfarrer und Dichter, dessen Psalmen und Hymnen sogar jeden Frühling im Radio übertragen werden. Das Kirchenschiff ist protestantisch schlicht und lichtdurchflutet. Austragungsort auch für Kunstausstellungen oder Orgelkonzerte. Dann schaffen die 5275 Pfeifen der 15 Meter hohen Orgel – gefertigt übrigens in den Bonner Werkstätten Johannes Klais – ein beeindruckend nachhallendes Klangerlebnis.
Der großartigste Platz der Hallgrímskirkja ist auf dem fast 75 Meter hohen Kirchturm. Ein Aufzug bringt Besucher hinauf, damit sie über die Dächer der Stadt blicken können. Die präsentiert sich auch heute noch ausgesprochen bunt: rote und hellblaue, orangefarbene und giftgrüne Fassaden leuchten um die Wette. Am Horizont die Esja und hinter den Weiten des Ozeans erahnt man den amerikanischen Kontinent. Vermutlich hat ihn der Isländer Leif Eriksson als erster Europäer betreten. An den großen Entdecker erinnert eine Statue auf dem Kirchenvorplatz. Eriksson wurde auch „der Glückliche" genannt. Wie passend an diesem Ort!

TIPP

Gegenüber im Café Loki mit bestem Blick auf die Kirche authentische isländische Küche genießen.

● Hallgrímskirkja, Hallgrímstorg 1, 101 Reykjavík

Zwischen zwei Kontinenten

60 An der Silfra-Spalte in Þingvellir

Ein Glücksort auf zwei Kontinenten – wie wunderbar! Einer, der sich breit macht, der von Jahr zu Jahr ein wenig mehr Raum einnimmt. Meist völlig unbemerkt, doch hin und wieder bringt er die Erde auch heftig zum Beben: Silfra. Die kilometerlange Verwerfung im Nationalpark Þingvellir ist über Jahrtausende dort entstanden, wo tektonische Platten – die eurasische und die nordamerikanische – auseinanderdriften. Um etwa 1 Zentimeter pro Jahr. Vielleicht etwas mehr, vielleicht etwas weniger. Ganz nach Laune der Natur.

Auf einem leichten Spaziergang lässt sich die Kluft zwischen den Kontinenten bestens erkunden. Der Weg dorthin ist kurz und zur allgemeinen Erheiterung von gelben Schildern mit schwarzen Froschmännern flankiert. Nicht irritieren lassen: Sie warnen vor Tauchern, die hier urplötzlich den Weg kreuzen, um nur wenige Meter weiter genauso plötzlich wieder hinter schroffen Felsen zu verschwinden. Gut versteckt führen dort Stufen hinab in ein zerklüftetes Bett aus Basalt, geflutet von glasklarem Wasser. Bei Sonnenschein reflektiert es das Blau des Himmels, dazwischen schimmern Grüntöne von Algen, die sich am Felsen festgesetzt haben. Doch auch wenn der Himmel grau ist, bleibt die faszinierend gute Sicht. Bis 100 Meter weit, sagt man. Es ist eines der klarsten Gewässer der Welt.

TIPP

Auf einer geführten Tauchtour die Unterwasserwelt von Silfra entdecken: www.dive.is

Silfra wird vom Schmelzwasser des 50 Kilometer fernen Gletschers Langjökull gespeist. Nicht über einen Zufluss, vielmehr sucht sich das Wasser seinen Weg durch poröses Lavagestein, aus dem es erst nach etwa 30 bis 100 Jahren wieder an die Oberfläche sprudelt. Nie wärmer als 4 Grad. Auch im Sommer bleibt es eisig!

Das Gefühl, zwischen zwei Kontinenten zu wandern, ist besonders: zu wissen, dass die Erde unter den Füßen in Bewegung ist, dass hier gewaltige Kräfte wirken und dabei etwas so Schönes entsteht. Silfra mündet in den Þingvallavatn. Ein ausgewiesener Pfad führt ans Ufer. Auch der See wird von zahlreichen ober- und unterirdischen Quellen der nahen Lavafelder gespeist.

● Nationalpark Þingvellir, Parkplatz P5, 801 Selfoss

Holtsels Glück

61 Eis vom Bauernhof in Akureyri

Isländer lieben Eis. Und zwar zu jeder Jahreszeit. Die Saison wäre tatsächlich viel zu kurz, wollte man auf heiße Sommertage warten. Als Klassiker in Island gilt das Softeis: in Schokolade getunkt und üppig mit bunten Toppings garniert. Zuckerstreusel oder Smarties, Kekse oder Salzlakritze. Süß und salzig werden begeistert kombiniert, Unerschrockene wählen dazu noch eine Soße. Auch hier rangiert Lakritze weit oben auf der Beliebtheitsskala. Seit einigen Jahren gibt es nun auch „italienisches“ Eis auf der Insel: cremige Kugeln, die zu schwankenden Türmen ins Hörnchen gestapelt werden.

Während man in der Hauptstadt überall Eissalons – auf Isländisch heißen sie *ísbúðir* – mit unerhört leckeren Sorten findet, muss man anderswo fürs Lieblingseis weit fahren. Wie gut, dass die Isländer dafür eine Glück verheißende Lösung kennen: die *ísbíltúr.* Statt zu Fuß von einem Salon zum nächsten zu schlendern, geht es mit dem Auto *(bíl)* auf Spazierfahrt *(túr)* zur Eisschlemmerei. Da macht es gar nichts, dass Holtsels Hnoss weit außerhalb von Akureyri liegt. Holtsels Hnoss ist ein Bauernhof. Und dort gibt es leckerstes, selbst gemachtes Eis. Die Milch dafür liefern die eigenen Kühe. Kunden können aus 24 Geschmacksrichtungen wählen, dazu kommen saisonale Sorten. Übrigens sind auch laktosefreie Sorbets im Angebot. Wer jedoch Milch liebt, wird bei Holtsels Hnoss so richtig glücklich. Dass *hnoss* das isländische Wort für Glück ist, überrascht da nicht.

Neben Eis werden auch andere Produkte aus eigener Herstellung im Hofladen angeboten: etwa Skyr, der nur in Island „echt“ ist und gut schmeckt. Wer sich wundert, woher die viele Milch für all das Eis, den Skyr, Käse und mehr stammt: Islands Kühe, die bei Überlandfahrten kaum in Erscheinung treten, versorgen tatsächlich die ganze Nation. Beim Milchkonsum ist Island sogar Weltspitze. Und die Kühe? Sie kamen bereits mit den ersten Siedlern auf die Insel und stellen heute eine eigene Rasse dar. Mit schönsten Fellfarben und -mustern.

TIPP

Im Laden auch „Glücksseifen“ von Sælusápur kaufen. Handgefertigt auf einer Schaffarm bei Þórshöfn.

● Holtsels Hnoss, Finnastaðavegur, 601 Akureyri
www.holtsel.is

Design trifft Natur

62 Übernachten am Fuß des Öræfajökull

Nach fast zwei Jahrhunderten brach im Jahr 2010 der Vulkan Eyjafjallajökull erstmals wieder aus. Die Welt hielt den Atem an, der Flugverkehr über Europa stand still. Island rückte ins Blickfeld der Welt, zog über Nacht Menschen in seinen Bann: mit Extremen aus Feuer und Eis, aus aktiven Vulkanen, Gletschern und Eishöhlen, zischenden Fumarolen und den vom tanzenden Nordlicht aufgeladenen Winternächten. Und fesselt sie bis heute. Zu Beginn des aufflammenden Interesses an der fernen Insel war es um gute Unterkünfte eher schlecht bestellt. Seitdem hat sich viel getan und jeder Geschmack wird bedient: von der rustikalen Holzhütte für Selbstversorger über gemütliche Bed & Breakfasts auf umgebauten Höfen bis zum durchgestylten Boutiquehotel.

Eine dieser schicken neuen, dabei behutsam in die Natur eingefügten Unterkünfte ist das Fosshótel Glacier Lagoon. Auf halbem Wege zwischen dem Naturschutzgebiet Skaftafell und der Gletscherlagune Jökulsárlón liegt es am Fuß des Öræfajökull, einem der mächtigsten Vulkane im Land. Die Fassade ist unregelmäßig kubisch, zitiert mit ihrer dunklen Holzverkleidung die Farben von Erde und Lava. Auch das Interieur ist mit natürlichen Materialien in gedämpften Tönen gestaltet. Glaslampen, die an flüssiges Magma erinnern, verströmen diffuses Licht. Hohe Räume und ein wohltuender Minimalismus spiegeln die Dimensionen der isländischen Landschaft. In den Zimmern stapeln sich Kissen auf breiten Holzsimsen: einladende Sitzecken vor Fensterfronten, Logenplätze mit Ausblick auf den Vulkan im Westen und den Ozean im Osten. Man könnte einfach bleiben, sich in eine Decke hüllen, im Winter auf Nordlichter warten und im Sommer über die Mitternachtssonne staunen. Oder man reißt sich los, schnürt die Wanderstiefel für Eskapaden in die Umgebung. Wer müde vom Wandern und trunken von der Schönheit der Natur zurückkehrt, darf sich auf isländische Fusionküche im Fosshótel freuen. Wieder mit berauschendem Blick aufs Gebirge. Wieder mit viel Potenzial zum Glücklichsein!

TIPP

Das Hotel ist die ideale Basis für Gletscherwanderungen, Besuche von Skaftafell und der Eislagunen.

● Fosshótel Glacier Lagoon, Hnappavellir, 785 Öræfi

Zwei Quadratkilometer Glück

63 Stippvisite auf der Insel Flatey

Sie ist gerade einmal 2 Kilometer lang und 1 Kilometer breit und liegt auf halber Strecke zwischen Stykkishólmur auf der Halbinsel Snæfellsnes und dem Fischerdorf Brjánslækur in den Westfjorden. Im Sommer wird sie von der Fähre „Baldur“ angesteuert, im Winter ist hier nicht viel los. Flatey – die flache Insel – ist die größte in einem Archipel aus etwa 40 Inseln und der Traum all derer, die einfach mal ganz weit weg wollen. Mehr als ein Dutzend Häuser gibt es auf Flatey nicht. Noch weniger Menschen. Die meisten kommen im Sommer mit der Fähre, um hier ihre Ferien im eigenen Haus zu verbringen, oder als Touristen. Denn zwischen den schmucken Holzhäusern, fast jedes über 100 Jahre alt und in einer anderen Farbe gestrichen, steht auch ein Hotel. Warum also nicht bleiben und sich in einem der nostalgisch-heiter eingerichteten Zimmer einquartieren? Hier werden Gäste auch gleich rundum versorgt mit allem, was das Herz zwischen Frühstück und Abendessen begehrt. Ein Geschäft gibt es auf der Insel nicht.

Flatey ist ein guter Ort für glückselige Einsiedelei. Kaum zu glauben, dass die Insel schon früh besiedelt war, dass hier bereits 1172 ein Kloster gegründet und dass eine der kostbarsten mittelalterlichen Handschriften, das *Flateyjárbók,* nach der Insel benannt wurde. Das Manuskript wird heute am Arni-Magnusson-Institut in Reykjavík aufbewahrt.

Beim Spazierengehen auf Flatey kann man Schafe zählen und das fotogene Schiffswrack der „Gísli Magnússon“ anschauen, dem gelben Leuchtturm einen Besuch abstatten oder der kleinsten Bibliothek Islands: Ein gelbes Häuschen von 1864 bietet Platz für eine locker gefüllte Bücherwand und einen Lesesessel. Gleich nebenan liegt die Kirche, deren Bankreihen berichten, dass einmal sehr viel mehr Menschen auf Flatey gelebt haben. Die Wandmalereien mit Alltagsszenen stammen vom spanisch-isländischen Maler Baltasar Samper: Frauen beim Kirchgang, ein Mann, der das *Flateyjárbók* hält, Fischer. Und Jesus im Wollpullover. Wie wunderbar!

TIPP

Weil Pkw auf Flatey nicht erlaubt sind, kommt man ohne oder lässt sie in der Obhut der Fährmänner.

● Hótel Flatey, Stóra-Pakkhús, 345 Flatey, , Tel. +354 5 55 77 88
www.hotelflatey.is

Kirchgang

64 Am Kirkjufell auf der Halbinsel Snæfellsnes

Als gewaltiger Keil ragt der 463 Meter hohe Kirkjufell im Norden von Snæfellsnes in den Fjord, wehrt dem Wetter und steht beinahe wie ein schützender Schild vor der nahen Ortschaft Grundarfjörður. Mit seinen steilen Hängen und den markanten Sedimentschichten, die gewaltige Muster in den Gipfel zeichnen, gehört der Berg zu den ikonischen Landmarken Islands. In Form geschliffen haben ihn eiszeitliche Gletscher.

Kirkjufell heißt Kirchberg. Doch eine Kirche gab es hier nie. Auch die Silhouette will nicht so recht an ein Kirchenschiff erinnern. Treffender ist da doch Sukkurtoppen – Zuckerhut –, ein Name, den sich dänische Kaufleute ausgedacht haben. Vielleicht ist er ihnen im Winter eingefallen, denn dann ist der Kirkjufell schneegepudert und märchenschön. Die Kaufleute blieben nur kurz. Mit ihnen verschwand auch der Name wieder. Geblieben ist die Faszination.

Wanderwütige versuchen sich am Gipfelglück. Jedoch wird der Pfad schnell anspruchsvoll. Hier ist unbedingt Kletterexpertise gefragt! Mindestens ebenso vergnüglich – und gänzlich ohne Anstrengung – ist eine kurze Eskapade zum Wasserfall Kirkjufellsfoss. Jenseits der Straße rauscht der Fluss Kirkjufellsá in zwei Kaskaden hübsch aufgefächert über den Felsen, 16 Meter tief, windet sich noch kurz durch ein Bett aus Geröll und mündet wenig weiter entspannt in den Fjord. Ein paar Trittsteine führen übers Wasser und zu einem der schönsten Panoramen vor Ort: mit dem Wasserfall und dem Kirkjufell auf einer fotogenen Achse.

Folgt man dem Snæfellsnesvegur Richtung Grundarfjörður, bieten sich entlang des Wegs und bis hinein in die kleine Gemeinde, die jenen Dänen 200 Jahre lang als Handelsstützpunkt diente, weitere postkartengleiche Aussichten. Besonders bei ruhiger See. Dann nämlich spiegelt sich der Kirkjufell in perfekter Symmetrie im Grundarfjörður. Wechselndes Licht im Verlauf von Tages- und Jahreszeiten tauchen Berg und Landschaft in immer neue Farben. Sich sattsehen ist hier ganz und gar unmöglich!

TIPP

Grundarfjörður ist bekannt für seinen Vogelreichtum. Im Winter und Frühsommer kreuzen Wale den Fjord.

● Kirkjufell, Parkplatz am Snæfellsnesvegur S54 (etwa 2,8 Kilometer westlich von Grundarfjörður), 350 Grundarfjörður

Zwischen Licht und Legende

65 Am Steinkreis von Raufarhöfn

Wenn das Thermometer in den Sommermonaten um die 10 Grad pendelt, die Sonne sich im Winter gar nicht zeigt und wenn auch sonst nicht viel los ist, dann macht das etwas mit den Menschen. Sie rücken enger zusammen. Oder sie verlassen den Ort auf der Suche nach neuem Glück. Raufarhöfn ist einer dieser winzigen, entlegenen Orte, wo Klima und Abgeschiedenheit die Einwohner täglich auf eine neue Probe stellen. Er liegt im äußersten Norden des Landes, knapp unterhalb des Polarkreises. Bis in die 1960er-Jahre war man hier gut aufgestellt in der Heringsfischerei. Doch dann blieb der Hering plötzlich weg. Und die Bevölkerung schwand dahin. Weniger als 200 Menschen leben heute im Ort.

Ausgerechnet wegen der besonderen Lage am Polarkreis, wegen des einzigartigen Lichts, war einst Erlingur Thoroddsen nach Raufarhöfn gezogen. Und was ihn faszinierte – so seine Vision – musste doch auch andere begeistern? Ein vages Gedankenspiel, das sich über die Jahre zu einer konkreten Idee verdichtete und schließlich monumentale Gestalt annahm: im Steinkreis *Artic Henge*, der mit isländischer Folklore und nordischer Mythologie spielt, vor allem jedoch mit dem arktischen Licht.

TIPP

Der Straße 870 folgen und am Hraunhafnartangi, Islands nördlichstem Leuchtturm, Treibholz sammeln.

Heimskautsgerðið – so der isländische Name – ist tatsächlich zu einer viel beachteten Landmarke geworden, lockt Reisende in die großartige Weite des Nordens und sorgt für neue Betriebsamkeit im Ort. Bescheiden, aber beflügelnd. Dabei ist das Rund aus archaischen Portalen, die sich meterhoch aus grobem Granit türmen und in die vier Himmelsrichtungen weisen, noch gar nicht vollendet. Seine zugedachte Funktion als Sonnenuhr und Kalender erfüllt *Heimskautsgerðið* jedoch schon lange: An Mittsommer steht die Sonne auf der Blickachse vom Nord- zum Südportal. Mal leuchtend wie ein Feuerball, mal wie eine milchige Scheibe über dem Horizont schwebend. Wer in der Polarnacht der Mystik am Steinkreis nachspürt, hat beste Chancen auf Nordlichter. Vor der Kulisse des *Arctic Henge* unfassbar schön. Glückstaumelig ist man hier immer!

● Arctic Henge, Artic Henge Road, 675 Raufarhöfn
www.artichenge.com

Knabberglück auf Isländisch

66

Entdeckungsreise im Supermarkt

Der Supermarkt als Glücksort? Auf jeden Fall in Island! Denn isländische Supermärkte sind Wunderkammern, gefüllt mit schrägen Leckerbissen. Überraschungen für die Nase und ein großes Abenteuer für die Geschmacksknospen. Also rein in den Nettó, Bónus oder Krónan! Ein schneller Blick in die Vergangenheit, auf Gewohnheiten und Bräuche hilft, die Essgewohnheiten der Isländer zu verstehen. Getreide gab es auf der Insel nicht. Das Klima war zu feucht, die Sommer zu kurz. Auch Obst und Gemüse hatten es schwer. Fisch hingegen war im Überfluss vorhanden, genau wie Fleisch von Schaf und Pferd. Durch Fermentieren, Räuchern oder Einlegen legte man Vorräte für lange Winter an: Schafshoden und halbe Schafsköpfe, Blutwurst, Schwartenmagen oder Pferdesalami. Man findet sie noch heute auf der isländischen Speisekarte. Und im Supermarkt. Nicht alles macht Ahnungslose glücklich, aber das ist eben Geschmackssache. Beim cremigen Skyr aus Magermilch kann man nichts falsch machen. Ihn gibt es inzwischen mit allerlei Früchten verfeinert. Sogar zum Exportschlager ist er avanciert und wegen des hohen Proteinanteils bei Sportlern beliebt. Mit Proteinen kann auch der Stockfisch glänzen, allerdings reizt er die Nase empfindlich. Getrocknete Filets von Schellfisch, Seewolf – er riecht besonders streng – oder Kabeljau dienten Isländern jahrhundertelang als Brotersatz. Selbst heute, wo Getreide verfügbar und Brot erschwinglich ist, bleibt *Harðfiskur* „hipp". Bissen für Bissen mit kalter Butter bestrichen, schön weich gekaut – ein leckerer Snack! Er macht süchtig wie Kartoffelchips. Im Supermarkt hängt er, unscheinbar in Plastik verpackt, am Haken. Billig ist er nicht. Fährt man über Land, sieht man hier und da Gestelle voller Fischleiber, die in der salzigen, kalten Seeluft trocknen. Sechs Wochen dauert der Prozess. Industriell nur rund zwei Tage. Am besten schmeckt *Harðfiskur* draußen in der Natur, wenn es auf und ab geht und der Wind den Kopf durchpustet. Dann macht ein Bissen richtig glücklich!

TIPP

Zum isländischen Mittwinterfest Þorrablót werden nur traditionelle Speisen gereicht. Ein Abenteuer!

● Trockenfisch, zum Beispiel bei Nettó, Kaupvangur 6, 700 Egilsstaðir

Dem Federvieh auf der Spur

67

Reykjavíks Stadtsee Tjörnin

Vogelbeobachtung mitten in der Stadt klingt zunächst einmal paradox. Und doch ist der Tjörnin, Reykjavíks kleiner Stadtsee zwischen postmodernem Rathaus und der hübschen, grün-weiß gestrichenen Fríkirkja, eine gute Adresse für Vogelkundler: Auf dem See wimmelt es von Gänsen, Enten und allerlei Watvögeln. Elegante Schwäne ziehen ihre Bahnen und mindestens sechs Möwenarten krakeelen am Tjörnin um die Wette. Die Ufer sind ein beliebter Treffpunkt für Familien und Flaneure. Darum drängeln sich dort auch die zutraulicheren Wasservögel und hoffen auf Futter. Die scheuen finden Rückzugsmöglichkeiten auf zwei winzigen Inseln. Eine wird von verschiedenen Entenarten, darunter viele Stock- und Krickenten mit ihren bunt schillernden Köpfen, aber auch die seltenen Schnatter- und Bergenten, als Brutplatz genutzt. In der Summe lassen sich rund 40 verschiedene Vogelarten regelmäßig am Tjörnin beobachten.

TIPP

Eine „leckere" Pause im Kulturhaus Iðnó einlegen. Mit schönem Blick auf den See.

Genau genommen handelt es sich beim Tjörnin – das Wort leitet sich vom altnordischen tjörn ab und bedeutet Teich – um eine Gruppe aus fünf Wasserflächen, die sich gen Süden verjüngen und mit dem Naturschutzgebiet Vatnsmýrin enden, das wie die übrigen Seen ein Relikt aus jener Zeit ist, als das Meer viel näher lag und die Gezeiten selbst im Marschland spürbar waren. Am Vatnsmýrin liegt auch das Norræna húsið, spannender Kulturhotspot für alle, die nordische Kunst, Literatur und den Austausch darüber lieben. Man kann sich am Tjörnin also zwischen einer Fünf-Seen-Runde mit Kultur und Seele-baumeln-Lassen am Steg entscheiden. Oder schließt den aktiven Part mit dem gemütlichen ab.
Im Winter fährt halb Reykjavík auf dem Stadtsee Schlittschuh. Vor der Kulisse der heimelig beleuchteten Häuser – die am Ostufer sind besonders malerisch – bieten die Schlittschuhläufer einen tollen Anblick: wie ihre Kufen Spuren ins Eis schleifen, wie es knirscht und Eissplitter in alle Richtungen fliegen. Spätestens dann bekommt man größte Lust, selbst Pirouetten auf dem Eis zu drehen!

● Tjörnin, zwischen Tjarnagata und Fríkirkjuvegur, 101 Reykjavík

Feiern hat eine Farbe

68 Zum Hummerfest nach Höfn

Islands Münzgeld ist besonders hübsch, denn auf den Kronenstücken sind heimische Fische und Meerestiere abgebildet. Da ist der Dorsch, einer der wichtigsten Speisefische, der die Ein-Kronen-Münze ziert. Auf den blanken Zehnern prangen schlanke Kabbelane, auf den 100-Kronen-Münzen ein fetter Seehase. Auch Delfine und Strandkrabben haben als identitätsstiftende Tiere ihren Platz. Eine schöne Hommage an isländisches Erbe.

Für den abgelegenen Inselstaat, wo ein raues Klima und karge Böden Ackerbau erschweren, ist Fischfang nicht nur Teil der Kultur, sondern überlebenswichtig. Beim Blick auf die Essgewohnheiten fällt auch heute noch die Vielfalt in Art und Zubereitung auf. Beliebt wie eh ist *Harðfiskur,* Stockfisch, der Isländern lange als Brotersatz diente. Weil Getreide teuer importiert werden musste, blieb Brot für viele unerschwinglich. Auch *Plokkfiskur* ist ein Alltagsgericht mit Tradition, ein simpler Eintopf aus weißem Fisch mit Kartoffeln und Zwiebeln, wohingegen *Hákarl,* fermentierter Grönlandhai mit beißendem Geruch, langsam vom Speiseplan verschwindet.

Besonders gefeiert wird der *Humar,* leckerer Kaisergranat. Fangsaison ist zwischen April und September. Vor allem im Südosten ist er häufig, vor allem in Höfn, das schon lange als Hauptstadt des Krustentiers gilt. Dort findet jedes Jahr Ende Juni das Festival Humarhátíð statt. Auf den Karten lokaler Restaurants ist dann kaum ein Gericht ohne Kaisergranat zu finden. Es gibt Livemusik und Tanz, gute Stimmung und hoffentlich auch gutes Wetter. Rund um den Hafen und das Zentrum der Festlichkeiten flattern orangefarbene Wimpel und Luftballons, *Humar*-Figuren aus Pappe begrüßen die Gäste. Einer der besten Orte für Kaisergranat ist das Pakkhús. 1932 als Lagerhaus errichtet, von wo Fisch in die ganze Welt verschickt wurde, beherbergt es heute ein kreatives Restaurant. Man hat sich auf lokale und saisonale Küche spezialisiert. Wer hier während des Festivals einen Tisch findet, darf sich glücklich schätzen!

TIPP

Das Pakkhús serviert auch einen rustikalen Plokkfiskur und als Nachtisch Eis mit Lakritzsauce!

Pakkhús, Krosseyjarvegur 3, 780 Höfn í Hornafirði
www.pakkhus.is

Wo die wilde Gunna wohnt

69 An den heißen Kratern von Gunnuhver

Während anderswo zwar Berge, Täler und Schluchten Namen tragen, gibt es in Island sogar einen für jede Felsspalte, jedes Schlammloch, jede noch so winzige Ritze in der Natur. Meist sind die Namen mit einer fantasievollen Geschichte verbunden. Am Geothermalgebiet Gunnuhver, am Zipfel der Halbinsel Reykjavík, geht beides besonders gut zusammen.

Gunnuhver ist nicht ohne. Am heißesten Flecken im Land kochen die Schlammtöpfe wild, Temperaturen steigen bis 300 Grad Celsius. Beim Gang über die Bohlenwege, die durchs Gebiet führen und von denen einer in einem Krater endet – vor Jahren wurde er vom Schlamm verschluckt –, darf man darum besonders vorsichtig sein. Das Gestein ist von ungewöhnlichen Mineralien intensiv, und wunderschön anzusehen, orange und blau gefärbt. Über allem liegen dichte Dampfschwaden. Mal geben sie wabernd den Blick auf den nahen Leuchtturm Reykjanesviti frei, mal verhüllen sie die Sicht komplett. Man wähnt sich hier eher im Vorhof zur Hölle, denn an einem Glücksort. Und doch ist es einer. Gunnuhver ist ein Ort, der unter die Haut geht. Er gehört zum Vulkansystem Reykjanes. Durch die Nähe zum Atlantik sind unterirdische Reservoirs und Spalten ausschließlich mit Meerwasser gefüllt, das sich als Dampf an der Oberfläche mit Gasen vermischt und dabei das junge Lavagestein zu heißem Schlamm und Lehm zersetzt. Dem kann man zuschauen. Hören kann man es auch. Faszinierend!

Der Sage nach lebte hier vor langer Zeit Guðrún Önundardóttir, genannt Gunna. Weil sie sich verschuldete, nahm ihr ihr Landherr den kostbarsten Besitz: einen Kessel. Gunna wurde wahnsinnig und starb. Fortan ging ihr Geist um und trieb auch andere in den Tod. Nur durch die List eines Pfarrers, der den Menschen hieß, Gunnas Geist an einem Wollfaden in die schlammgefüllten Krater zu locken, kehrte wieder Frieden ins Land. Noch heute soll Gunna kochend vor Wut am Kraterrand hängen. Weil die Dämpfe so dicht sind, sieht sie niemand. Doch wehe, man kommt den Schlammtöpfen zu nahe! Glücksort mit Gruselmoment.

TIPP

Ein Abstecher an die von starker Brandung gefüllten Meerwasserpools Brimketill (Nesvegur) lohnt!

● Gunnuhver, Parkplatz am Möðruvellir 4, Möðruvallavegur, 240 Grindavík

Auf einen Kaffee

70 Im Freilichtmuseum Glaumbær

Sie sehen malerisch aus, wie sie sich auf der Lichtung so eng aneinanderschmiegen und halb in der Erde versunken scheinen: die Häuser von Glaumbær. Mit weißen Giebeln und Dächern aus Gras strahlen sie mit dem Himmel um die Wette und könnten aus einem Märchen stammen. Tatsächlich stammen sie aus einer anderen Zeit. Es sind Grassodenhäuser. Gebaut aus Treibholz, Torfplaggen und Grasnarben, die das Dach dicht halten und das Innere des Hauses warm. Ein Ensemble aus dem 18. und 19. Jahrhundert. Zwar ist ein Grassodenhaus nicht für die Ewigkeit bestimmt, gute 100 Jahre hält es der Witterung aber durchaus stand. Und weil alternative Materialien oft nicht zur Verfügung standen, war die Plaggenbauweise bis um etwa 1900 in Island üblich.

TIPP

Mit dem Kombiticket auch Víðimýrarkirkja, eine der wenigen Torfkirchen Islands, besuchen (10 Kilometer).

Heute ist Glaumbær ein Freilichtmuseum. In 13 Räumen, von denen einige durch einen langen Korridor miteinander verbunden sind, zeugen Wohnstuben und Werkstätten vom Alltag von einst. Eng und dunkel war es unter den Grasdächern. Man rückte zusammen und erzählte sich an langen Abenden noch längere Geschichten. Die Sagas natürlich, in denen auch die ersten Bewohner Glaumbærs eine Rolle spielen: als Gefährten Erik des Roten, als Grönlandfahrer und Siedler von Vinland.

Lebendige Geschichte gibt es ein paar Schritte weiter im Áshús, einem schlicht-schönen Holzhaus aus den 1880er-Jahren. Gelb gestrichen, die Fenster weiß. Neben Ausstellungen über Hauswirtschaft und Schnitzerei befindet sich dort auch ein charmantes Café: das Áskaffi. Hier zitieren nostalgische Sofas und Spitzendeckchen vergangene Zeiten. Vor den Fenstern bauschen sich Gardinen, an den Wänden reihen sich Schwarz-Weiß-Fotografien zu rührenden Geschichten, ein Piano wartet auf seinen Auftritt. Es gibt Kuchen und Gebäck nach traditionellen isländischen Rezepten, man serviert duftenden Kaffee in Blümchentassen und heißen Kakao mit Sahnehaube. Die Bedienung trägt Tracht, die Atmosphäre ist heiter. Und nebenbei fällt der Blick durchs Fenster auf eine großartige Landschaftskulisse. Glücksmomente!

● Byggðasafn Skagfirðinga, Glaumbær, 561 Varmahlíð, Tel. +354 4 53 61 73
www.glaumbaer.is

Steinreich im Fjord

71 Petras Stein- und Mineralsammlung in Stöðvarfjörður

Im Süden werden sie von der Felsnase Eystrahorn nahe Höfn begrenzt, im Norden von Húsavík: die Ostfjorde. Zieht man eine topografische Karte heran, sieht man dort gestauchtes Gebirge und zerfranste Küsten. Auf halbem Weg zwischen Nord und Süd liegt Stöðvarfjörður am gleichnamigen Fjord, heute vor allem für seine erstaunliche Vielfalt besonderer Gesteinsarten bekannt. Diesen Ruhm verdankt es einzig Petra María Sveinsdóttir, die in rund 80 Jahren eine unfassbar schöne Sammlung zusammengetragen hat. In den Sommermonaten kann man Petras Schätze im Garten ihres Hauses Sunnuhlíð – Sonnenhang – bestaunen. Dort lebte sie bis zu ihrem Tod im Jahr 2012.

Petra kam 1922 am Fjord zur Welt und hatte bereits als Kind ein Gespür für die Geheimnisse der Natur. Sie sammelte besondere Steine, um sie zu zeichnen oder damit zu spielen. Als Siebenjährige entdeckte sie die ersten Minerale. Doch erst als Erwachsene, als sie nach Sunnuhlíð zog, wo es endlich Platz für ihre Fundstücke gab, ging sie ganz in ihrer Sammelleidenschaft auf. Schnell hatten Steine und Minerale jedes Regal im Haus gefüllt und eroberten bald auch den Garten, füllten Borde und Bottiche, reihten sich auf Stufen und säumten Blumenbeete. Passanten wurden aufmerksam, klopften neugierig an, um das Meer aus Steinen anzuschauen. Das war in den 1950er-Jahren. Heute kommen Besucher aus aller Welt, um die einzigartige Sammlung zu sehen. Jeder Stein erzählt seine eigene Geschichte. Selbst wenn sich viele auf den ersten Blick kaum unterscheiden, entdeckt man schnell feine Eigenarten in Maserung und Farbe. Unter den Mineralen sind roter und ockerfabener Jaspis, grüner Achat oder violetter Amethyst. Oft sind es Drusen, die Petra mit untrüglichem Gespür entdeckt hat. Auch ein prächtiger Quarzkristall, dessen Fund mit einer lustigen Begebenheit verbunden ist, Kalzit-Rosen oder tiefschwarzer Obsidian gehören zur Sammlung. Anhand ausgewählter Exponate wird über die Geologie der Region informiert. Ein Café lädt ein zu verweilen.

TIPP

Im Jafnadalur wandern und selbst nach schönen Steinen suchen. Info: Café Brekkan, Fjarðarbraut 44.

● Petra's Mineral Collection, Fjarðarbraut 21, 755 Stöðvarfjörður
www.steinapetra.is

Im Rausch der Farben

72 Am Geothermalgebiet von Seltún

Weit unterhalb des Meeresspiegels liegt eine Gebirgskette, die den Atlantik auf unfassbaren 20.000 Kilometern durchzieht: der Mittelatlantische Rücken. Er quert Island von Süd nach Nord, und weil er tektonisch aktiv ist, sorgt er regelmäßig für kleine und große Erschütterungen der Erde. Von ein paar Dutzend bis zu mehreren Hundert täglich. Die meisten Beben spürt man kaum. Sichtbar ist die Aktivität unter der Erdkruste jedoch an vielen Orten in Island. Etwa auf der Halbinsel Reykjanes, wo das Vulkansystem Krýsuvík die Isländer erst 2021 mit einer faszinierenden Spalteneruption monatelang in Atem hielt. Dort liegt auch das Geothermalgebiet Seltún.

Seltún ist unglaublich bunt. Vulkangasspalten, sogenannte Solfatare, heiße Quellen und Schlammtöpfe vereinen sich zu einer farbintensiven Kraterlandschaft aus Ocker, Orange, Rot und selbst Grün. Es brodelt, zischt, dampft. Und es stinkt. Schilder warnen eindringlich vor den Launen der Natur: vor den Schwefeldämpfen, dem 200 Grad heißen Schlamm, vor möglichen Gasexplosionen. Bereits im frühen 18. Jahrhundert wurde in Seltún Schwefel abgebaut. Ab den 1970er-Jahren erschloss man das Gebiet für die Energiegewinnung. Aus Bohrlöchern wurden künstliche Geysire. Doch als eines im Jahr 1999 explodierte und heiße Lehmfetzen bis zu 2 Kilometer hoch geschleudert wurden, stellte man das Vorhaben ein. Ein Glück für heutige Besucher.

Das Gebiet lässt sich fabelhaft über Holzstege erkunden, die über oder neben den Kratern angelegt sind. Aus nächster Nähe und doch in respektvollem Abstand hat man so einen direkten Blick auf das Geschehen. Ein abgesteckter Pfad führt den Hang des Sveiflúhals hinauf. Auch er ist von Solfataren gesäumt. Zischend tritt Gas an die Oberfläche, die Säulen sind weithin sichtbar. Der steile Aufstieg lohnt sich, denn der Bergrücken bietet eine großartige Aussicht auf den spiegelglatten See Kleifarvatn und die Ebene mit einem Zickzack dampfender Vulkanspalten. Am Horizont der Ozean. Unwirklich und faszinierend schön!

TIPP

An der 42 liegen auch die Seen Kleifarvatn und Grænavatn mit heißen Quellen und toller Färbung.

● Geothermalgebiet Seltún an der Straße 42 im Vulkangebiet Krýsuvík

Glück in Wellen

73 Die Farben der Bucht von Búðir

Von der Halbinsel Snæfellsness im Westen Islands heißt es, sie spiegle und verdichte die Schönheit eines ganzen Landes. Snæfellsness ist Island im Kleinen. Hier wirft sich der Atlantik ungestüm gegen die Küste und modelliert schroffe Klippen, die an Stein gewordene Trolle erinnern, während nur wenige Kilometer weiter weiße Strände stillschöne Buchten säumen. Fischerdörfer tupfen ein heiteres Bunt in die Landschaft, der Snæfellsjökull ein blendendes Weiß, das dem der Gletscher im Osten um nichts nachsteht. Und es sind die bizarren Höhlen hier im Westen, die Jules Verne als Vorlage für seine R*eise zum Mittelpunkt der Erde* dienten. Da ist der Vulkan, da sind auch die Lavafelder wie der Búðahraun, der sich moosbegrünt übers Land wellt.

An dessen Rand liegt der winzige Weiler Búðir. Einst wichtiger Handelspunkt, heute nicht mehr als ein Hotel und eine kleine schwarze Holzkirche. Trotzdem – oder gerade deswegen – ein Ort unvergleichlicher Anziehungskraft: dank der Weite der Landschaft, dank der Farben der Flechten und Moose, dank des vielbesungenen Lichts. Mittendrin eine schlichte Kirche. Nur von einer niedrigen Steinmauer umgeben trotzt das kleine Gebäude den Elementen. Der teerschwarze Anstrich wetteifert mit dem Grau der Wetterfronten, die strahlend weißen Fensterrahmen mit dem Gletscherweiß des Snæfellsjökull. Eine märchenhafte Szenerie und es wundert wenig, dass sich Búðakirkja – so der Name – zu einer höchst beliebten Hochzeitslocation entwickelt hat. 1703 wurde die erste Kirche in Búðir vom Kaufmann Bendt Lauridtsen gestiftet. Eine in den Türriegel gravierte Jahreszahl erinnert daran. Der heutige Bau, dessen einziger Schmuck ein bebilderter Flügelaltar von 1750 und eine Glocke aus dem Jahr 1672 sind, stammt von 1848 und steht unter Denkmalschutz.

Gleich hinter Búðakirkja führt ein Pfad in eine geschützte Bucht. Dort rollen Wellen sanft aus. Türkis auf einen feinsandigen, weißen Strand. Die Wellen spülen Muscheln an Land. Und mit ihnen ein Gefühl tiefsten Glücks.

TIPP

Unbedingt die exzellente Küche im benachbarten Hotel Búðir probieren. Und gleich über Nacht bleiben!

● Búðakirkja, Búðavegur, 356 Búðir, www.budakirkja.is

Herzenssache

74 Die Herzampeln von Akureyri

18.000 Menschen leben in Akureyri, hoch oben im Norden Islands. Damit ist die „Stadt" die viertgrößte der Insel. Nach Hafnarfjörður mit 30.000 und Kópavogur mit rund 38.000 Einwohnern. Im Grunde gehören die Letztgenannten jedoch zur Metropolregion Reykjavík – zu deren Speckgürtel –, wo etwa 60 Prozent der Gesamtbevölkerung Islands lebt. Das war natürlich nicht immer so, ist allerdings auch kein junges Phänomen. Schon mit der Einrichtung eines amerikanischen Stützpunkts während des Zweiten Weltkriegs wurde Reykjavík zur „Boomtown". Es entstanden neue Jobs, ein neuer Lebensstil mit Jazzclubs, Jeans und Coca-Cola etablierte sich. Vor allem Strom und fließendes Wasser gehörten zu den Annehmlichkeiten, die es anderswo nicht gab und eine echte Landflucht auslösten. Von Nord nach Süd. Urbanisierung im Schlepptau des wirtschaftlichen Aufschwungs. Es folgten gute und schlechte Zeiten. Und dann stand das Land plötzlich still: Mit dem Zusammenbruch des Bankensektors im Jahr 2008 stürzte Island in die weltweit größte Krise der Wirtschaftsgeschichte.

TIPP

Im Eyjafjord von Akureyri halten sich oft Buckelwale auf. Touren über: www.whalewatchingakureyri.is

Vielleicht sehnte man sich nach dem Finanzdebakel zurück nach seinen Wurzeln, nach ländlicher Kultur, Einfachheit und dem Zusammenhalt, der Islands Gesellschaft über Jahrhunderte geprägt hat. Wer weiß. In Akureyri setzte man dafür ein Zeichen. Klein und dennoch sichtbar für alle: Seit 2008 leuchtet in jeder Verkehrsampel ein rotes Herz. Noch nie war Anhalten so schön. Noch nie haben Ampeln so viele Blicke auf sich gezogen. Nirgends verursachen sie Herzklopfen. Außer in Akureyri. Positiv denken, auf sein Herz hören, sich auf das Wesentliche konzentrieren. So die Botschaft der Gemeinde an die Menschen der Stadt. Die Krise ist überwunden, die Herzen sind geblieben. Eines, das immer leuchtet, befindet sich am Hafen vorm Kulturhaus HOF und ist zum beliebten Selfie-Spot avanciert. Seine schönsten Schnappschüsse von dort kann man unter dem Hashtag #heartsofakureyri auf Social Media teilen. Und so die Herzenssache in die weite Welt streuen!

● Herzampeln, an jeder Ampelkreuzung, 600 Akureyri
www.visitakureyri.com

Walgesang

75 Im Walmuseum von Reykjavík

23 Walarten sind in isländischen Gewässern bekannt. Darunter die weißen Belugas, Narwale mit ihren beeindruckenden Stoßzähnen – die Einhörner der See –, imposante Pott- und Buckelwale oder die agilen Orcas. Auch das schwerste bekannte Tier der Erdgeschichte: der Blauwal. Diesen und ihren kleineren Verwandten wie Delphinen oder Schweinswalen kann man auf zahlreichen Beobachtungsfahrten per Schiff rund um die Insel nachspüren. Oft sind Meeresbiologen an Bord. Zur Sichtung gehört ein kleines Quäntchen Glück. Und natürlich tummeln sich nicht alle Walarten zur gleichen Zeit im gleichen Fjord. Trotzdem gibt es einen Ort, wo alle 23 Arten Islands zusammenkommen: im Museum Whales of Iceland in Reykjavík. Als lebensgroße, von Hand gefertigte Modelle „schwimmen" sie durch meerblau illuminierte Hallen. Deren Böden schimmern wie der Meeresgrund und aus Lautsprechern tönen die eigentümlich beruhigenden Walgesänge. So entsteht eine faszinierende Illusion von Ozean. Am besten lädt man sich die museumseigene App aufs Handy und lässt sich per Audioguide durch die Ausstellung leiten. Praktischerweise geht das sogar auf Deutsch. Interaktive Stationen halten Wissenswertes über die Meeressäuger und ihren Lebensraum bereit. Sogar das Zugverhalten einiger mit Sendern ausgestatteter Wale kann man dort beobachten. Noch spannender sind die Virtual-Reality-Brillen, die rund um die Ausstellungsobjekte eine computergenerierte Wirklichkeit entstehen lassen.

Jeder Wal im Museum ist einem realen Tier nachempfunden. Mit allen charakteristischen Zeichnungen an der Haut oder den Fluken. Das Material der Modelle ist nachgiebig, wie bei den echten Säugern. Besucher dürfen und sollen die Exponate sogar anfassen und ausprobieren, wie sich so eine Walhaut anfühlt.

Wer gar nicht genug von der Reise durch den Ozean bekommen kann, setzt sich ins Café mit echtem Meeressand und schmökert bei hausgemachtem Kuchen in Moby Dick oder sieht sich noch einen Film über die Meeressäuger an.

TIPP

Das Museum liegt am alten Hafen, wo auch die Walbeobachtungstouren durch die Faxaflói-Bucht starten.

● Whales of Iceland, Fiskislóð 23–25, 101 Reykjavík, Tel. +354 5 71 00 77
www.whalesoficeland.is

76 Im Botanischen Garten von Akureyri

Jenseits des nördlichen Polarkreises beginnt die Arktis. Akureyri, Hauptstadt des Nordens, liegt nur knapp 50 Kilometer südlich dieser magischen Grenze. In diesen Breitengraden einen botanischen Garten einrichten zu wollen, klingt zunächst recht abwegig. Und doch ist es einer Gruppe Frauen um Margarethe Schiöth zu Beginn des 20. Jahrhunderts gelungen: Sie wollten ihre Stadt verschönern und einen Ort der Ruhe und Erholung schaffen. Einen Hektar Land oberhalb des Eyjafjörður stellte die Gemeinde für das Vorhaben zur Verfügung. Im Jahr 1910 begann der Parkverein, den Schiöth und ihre Mitstreiterinnen eigens gegründet hatten, mit der Anlage dessen, was heute der Lystigarður Akureyrar, der Lustgarten von Akureyri ist. Zur Eröffnung im Jahr 1912 übrigens der erste öffentliche Park Islands und heute einer der nördlichsten botanischen Gärten der Welt.

Ein fantastisches Projekt, für das die Gründerinnen später Unterstützung durch den Forstwirt und Gartenbauer Jón Rögnvaldsson erhielten. Rögnvaldsson brachte nicht nur seine private Sammlung in den Garten ein, er begann auch systematisch zu erforschen, welche Pflanzen, Sträucher und Bäume am Rand der Arktis überleben konnten. Inzwischen lustwandeln Besucher hier auf 3,6 Hektar und können rund 7000 Pflanzenarten bewundern. Mehr als 400 davon sind isländische Arten, die übrigen stammen aus gemäßigten Breiten und Hochgebirgen. Komponiert zu farbigen Bildern, wie man sie auf Island sonst nirgends sieht. Dass im Lystigarður eine derartige Vielfalt gedeihen kann, liegt vor allem am günstigen Mikroklima im langgestreckten, geschützten Fjord. Im Park, den Einheimische genauso gern aufsuchen wie fremde Besucher, ist eines der ältesten Häuser Akureyris erhalten: das schwarz gestrichene Eyrarlandsstofa von 1880. Als modernes Pendant wurde ein weiteres Gebäude errichtet, das ein hervorragendes Café beherbergt. Während das Café leider nur zwischen Juni und September öffnet, ist der Botanische Garten täglich zugänglich. Rund um die Uhr.

● Lystigarður Akureyrar, Eyrarlandsstofa, Eyrarlandsvegur, 600 Akureyri
www.lystigardur.akureyri.is

Musik auf die Ohren

77 Im 12 Tónar, dem besten Plattenladen der Welt

Sie ist Islands Superstar: Björk Guðmundsdóttir. Sängerin und Musikproduzentin, Schauspielerin und Kunstobjekt. Selbst diejenigen, die ihre Musik nicht kennen, haben ein Bild im Kopf: Björk – wie in Island üblich nur beim Vornamen genannt – im Schwanenkleid bei der Oscarverleihung 2001.

Längst sind auch die Namen anderer isländischer Künstler über die Landesgrenzen geschwappt und deren Songs auf internationalen Playlists vertreten: Mugison, Samaris oder Sigur Ros, Of Monsters and Men oder Kaleo, die schon zusammen mit den Rolling Stones auftraten. Wer neugierig auf isländische Musik ist, wissen will, was neu in der Szene oder besonders angesagt ist, wer Tonträger sucht, die es auf dem Kontinent nicht gibt, ist im 12 Tónar genau richtig. Das Geschäft im Zentrum von Reykjavík ist legendär. 1998 von Jóhannes Ágústsson und Lárus Jóhannesson gegründet und zwischenzeitlich wiederholt als bester Plattenladen der Welt gelobt. Im 12 Tónar gibt es Musik in Wohnzimmeratmosphäre. Und nicht nur das. Von außen unscheinbar: ein kleines Haus mit weißer Wellblechfassade und grünem Dach, in allen Fenstern das gelb-blaue 12-Tónar-Logo. Es erinnert eher an einen Lebensmittel-Discounter als an einen coolen Music Store. Drinnen Vinyl und Digitales, auch Merchandising-Artikel. Immerhin ist 12 Tónar auch Produzent und vertritt inzwischen eine Reihe isländischer Künstler unter eigenem Label. Jóhannes und Lárus gründeten ihren Laden als Treffpunkt für Musiker und Musikinteressierte. Und das ist gelungen. Hier ist immer etwas los. Hin und wieder steht sogar Einar Þór – „Sonic" – Kristjánsson, Gitarrist der isländischen Rock Band Singapore Sling, hinter dem Tresen. Typisch isländisch: Selbst Stars bleiben bodenständig. Seit 2019 gibt es eine Bar und ein Café im Laden. Regelmäßig werden kleine Konzerte oder Events zwischen den Plattenregalen oder im Garten veranstaltet. Was isländische Musik so besonders macht? Langsam, mystisch und magisch sei sie, findet Jóhannes. Glücklich macht sie auch!

TIPP

Im Opernhaus Harpa gibt es eine Filiale von 12 Tónar.

● 12 Tónar, Skólavörðustígur 15, 101 Reykjavík, www.12tonar.is

lonely mountain
mugison
- one man band -

Sigríður rettet das Glück

78

... am Wasserfall Gullfoss

Gullfoss, der Goldene. Zur richtigen Zeit schimmert er tatsächlich golden. Wenn die Sonne den mächtigsten Wasserfall des Flusses Hvítá mit ihren ersten Strahlen kitzelt. Oder mit ihren allerletzten. Wen wundert es, dass diese Zeit auch „goldene Stunde" genannt wird? Nicht immer reichen die Sonnenstrahlen tief genug in die Schlucht, die die gewaltigen Wassermassen in den vergangenen 10.000 Jahren in den Fels geschliffen haben. Macht nichts, denn Glückspotenzial birgt der Gullfoss auch ohne Sonnengold.

Man kann ihm auf unterschiedlichen Pfaden ganz nahe kommen. Wer die Elemente liebt und auch eine heftige Gischt nicht scheut, wählt den unteren. Der schlängelt sich auf ein Plateau, das oft nass und – Obacht! – glitschig ist, aber wie eine Loge über der ersten von zwei Kaskaden thront und eine großartige Aussicht bietet. Über 11 Meter stürzt hier das Wasser hinab, donnert gegen eine Felswand, um gleich über eine zweite Kaskade weiterzufallen. Wie im Zickzack und fast doppelt so tief. Das Tosen des Wassers verschluckt jedes Wort. Aber zum Erzählen kommt man ja auch nicht hierher. Vielmehr zum Schauen und Staunen. Über die ungefilterte Schönheit der isländischen Natur, über ihre ungezügelte Kraft. Und über den kalten Sprühregen, dem man sich an der Fallkante des Gullfoss nicht entziehen kann.

TIPP

Im nahen Hotel Gullfoss (www.hotelgullfoss.is) übernachten und den Wasserfall bei Sonnenaufgang erleben.

Trocken bleibt, wer dem oberen Pfad folgt und einer spektakulären Aussicht entgegenklettert: Von der Anhöhe reicht der Blick über die Kaskaden und die Flussschleifen bis zum Langjökull, Islands zweitgrößtem Gletscher. Dort entspringt die Hvítá. Dass Besucher Landschaft, Fluss und Wasserfall ursprünglich erleben, ist der Beharrlichkeit von Sigríður Tómasdóttir zu verdanken. Die Tochter des einstigen Landbesitzers kämpfte in den 1920er-Jahren gegen ein von ausländischen Investoren geplantes Wasserkraftwerk. Unterstützung fand sie im Anwalt Sveinn Björnsson, der 1944 erster Präsident des unabhängigen Islands wurde. An Sigríður erinnert heute eine Steinstele beim Gullfoss.

● Gullfoss, Biskupstungnabraut, Bláskógabyggd, 810 Selfoss

Algen und Kieselerde

79 Im Spa Blue Lagoon bei Grindavík

Wie eine schillernde Oase liegt die Blaue Lagune in der schwarzen Ödnis von Illahraun, dem Lavafeld auf halbem Weg zwischen Islands internationalem Flughafen und seiner Hauptstadt. Ideal, um bei Ankunft oder vor der Abreise einen Wellness-Stopp einzulegen. Noch besser ist ein Besuch ganz ohne weitere Agenda. Denn wer einmal die Zehenspitzen ins wohlig warme Wasser getaucht hat, will gar nicht mehr weg. Meerwasser und Mineralien, Algen und die angenehme Wassertemperatur von 39° C machen Badende ziemlich glücklich. Man lässt sich auf dem Rücken durchs milchig-blaue Wasser treiben. Im Gesicht eine dicke Schicht Kieselerdeschlamm, der hier zum guten Ton gehört. Er macht die Haut wunderbar weich. Alternativ wird eine grüngraue Algenmaske um die Augen geschmiert. Rituale, um die Haut zu reinigen, zu pflegen und zu beleben, gibt es hier viele. Denn die Blaue Lagune hat sich vom schlichten Warmwasserbecken zum Weltklasse-Spa gemausert.

Entstanden ist sie rein zufällig. Aus mineralhaltigem Tiefenwasser, das seit Mitte der 1970er-Jahre aus dem Geothermalkraftwerk Svartsengi in den Illahraun geleitet wird und sich dort zu einem opaken See mit einzigartiger Färbung ausbreitet. Beinahe unwirklich zwischen schwarzer Lava und Flecken aus grünem Moos. 1981 wurde – wieder ein Zufall – die heilende Wirkung des Wassers entdeckt, das daraufhin Bláa Lónið, Blaue Lagune, genannt wurde. Es dauerte noch Jahre bis hier, in direkter Nachbarschaft zum stahlglänzenden Kraftwerk, eine beliebte Badeanstalt entstand. Heute kann man auf 8700 Quadratmetern schwimmen und saunieren oder bei Massagen entspannen, für die man nicht einmal das Wasser verlassen muss. Wer mag, kann dennoch. Denn schlicht-schöne Holzstege führen übers Wasser und durch das architektonisch anziehende Areal.

Nach dem Spa isländische Küche und eine tolle Aussicht auf die Lagune mit ihren dicken Dampfschwaden genießen. Oder gleich im angeschlossenen Hotel übernachten, um am frühen Morgen noch einmal im blauen Bad abzutauchen.

TIPP

Am frühen Morgen ist es recht leer in der Lagune. Abends Mittsommernächte oder Nordlichter genießen.

● Blue Lagoon Spa, Norðurljósavegur 9, 240 Grindavík, Tel. +354 4 20 88 00
www.bluelagoon.com

Wunderbarer Waschsalon

80

Buntes und Burger im Laundromat in Reykjavík

Die bunten Bücher unter der Theke fallen zuallererst ins Auge. 200 bis 300 Paperbacks sind es bestimmt, die mehrere Regalzeilen im The Laundromat Café füllen. Rücken an Rücken farblich sortiert. Regenbogenfarben im Wechsel mit schwarzen und weißen Einbänden. Ein Bild, das gleich begeistert! Und während man also noch unschlüssig in der Schlange steht und überlegt, ob es ein Veggie Burger oder ein Bacon Royale sein soll, wandert der Blick über die Titel. Hier sind alle Genres vertreten. Lesestoff für lange Regentage! Oder ein gemütliches Stündchen im Café.

Das Interieur ist retro. Mit seinen rot gepolsterten Stühlen und Bänken und den orangefarben gestreiften Lampenschirmen erinnert das Laundromat an einen amerikanischen Diner. An den Wänden Landkarten, gerahmte Poster und Vintage-Fotos von Waschsalons aus aller Welt. Das englische *laundromat* ist eben genau das: ein Waschsalon. Und tatsächlich: Im Keller drehen sich die Waschmaschinen für all diejenigen, die im hippen – und auch teuren – Reykjavík zwar eine Bleibe, aber keine Waschgelegenheit haben. Auch Reisende, die mal schnell etwas Frisches brauchen, sind hier bestens aufgehoben.

Währenddessen ist oben im Café einiges los. The Laundromat ist eine echte Institution und die Burger sind legendär. Ein isländisches Bier gehört unbedingt dazu. Auf der Karte stehen „Einstök", das lecker hefig schmeckt, oder das hochprozentige „Viking". Das Publikum ist bunt gemischt, die Atmosphäre lässig. Ist es voll, rücken auch Fremde an den großen Tischen näher zusammen. Mütter kommen zum Stillen her, Männer mit Hipster-Bärten zeigen ihre neuesten Tattoos, Studenten hocken vor ihren Laptops und manche Gäste schmökern einfach in einem der Romane und fügen ein paar Eselsohren hinzu.

Dringen Sonnenstrahlen durch die Wolken, werden Tische und Stühle auf den Bürgersteig geschleppt. Auch bei nur 15 Grad ist dort der beste Platz fürs Sehen und Gesehenwerden. Wozu trägt man schließlich *Lopapeysa?*

● The Laundromat Café, Austurstræti 9, Reykjavík 101

LAUNDROMAT
LAUNDROMAT

Bibliografische Informationen der Deutschen Nationalbibliothek
Die Deutsche Nationalbibliothek verzeichnet diese Publikation in der Deutschen Nationalbibliografie; detaillierte bibliografische Daten sind im Internet über http://dnb.d-nb.de abrufbar.

Konzeption/Satz: Droste Verlag, Düsseldorf
Einbandgestaltung und Illustrationen: Britta Rungwerth, Düsseldorf, unter Verwendung von Bildern von © Fotolia.com: jd – photodesign.de; © iStock: Plociennik Robert
Fotos: Jutta M. Ingala, außer:
Áslaug Snorradóttir: S. 113; Blue Lagoon: S. 165; Falur Ingólfsson for Gljúfrasteinn - Laxness Museum: S. 83; Fossótel Glacier Lagoon: S. 131; Ingvi Örn Þorsteinson: S. 67; Kristinn E. Hrafnsson + Studio Granda: S. 27; María Helena Tryggvadóttir: S. 155, S. 159; Matur og Drykkur: S. 21; Páll Jökull Pétursson: S. 77; Runólfur Hauksson: S. 17, S. 31, S. 63; Sarah Arndt: S. 105; Slippurinn: S. 47; Solveig Runólfsdottir: S. 13; The Freezer Hostel: S. 115; Visit North Iceland: S. 61, S. 137; Visit Westfjords: S. 37, S. 93, S. 117; Vök Baths: S. 75; Whales of Iceland: S. 157; www.stock.adobe.com: S. 11 (Christopher Lund), S. 23 (gsieuw), S. 25 (Nataliia Vyshneva), S. 33 (theartofphoto), S. 45 (Danita Delimont), S. 73 (Fotokon), S. 87 (Blue Planet Studio), S. 99 (Sebastien), S. 101 (schame87), S. 111 (Agota Kadar), S. 133 (andhall), S. 141 (Dani Figueiredo), S. 149 (Dotan), S. 163 (anderm)

FSC www.fsc.org
MIX
Papier aus verantwortungsvollen Quellen
FSC® C011279

Druck und Bindung: LUC GmbH, Greven
ISBN 978-3-7700-2262-5

www.droste-verlag.de